ANTOINETTE BREM

BARBARA LEHNER

LEBENS-GRUND

AF288518

ANTOINETTE BREM   BARBARA LEHNER

LEBENS-GRUND

WAS IM BRÜCHIGEN TRÄGT

Texte zu einer lebensfreundlichen Spiritualität

Allen Menschen gewidmet,
die wir begleiten und ausbilden durften,
und dem Grund, der uns in allem trägt

lebensgrund

lebensgrund
letzter grund und quelle

aus der wir entsprungen
in die wir münden

ewige frage
waches sein

verbindendes alles
verborgen im jetzt

halt im fallen
gelassenheit im sturm

zu suchen und finden
im leben und sterben

in allen übergängen
tragender grund

suche nach dem wesentlichen
ermutigung zum durchgang

zum abschied
zur geburt

barbara lehner

Inhalt

Vorwort
von Pierre Stutz

In Resonanz gehen mit dem Leben und mich inspirieren lassen, heisst eine wichtige spirituelle Grundhaltung, die mir beim Lesen dieses Buches entgegenkommt. In jedem der meditativen Weggedanken und in der Weite und Tiefe der Gedichte bekommen meine vielfältigen Lebenserfahrungen einen faszinierenden Resonanzraum. All mein Erfahrungswissen erhält einen Anklang, einen Nach- und Ausklang, sogar einen Vorklang:

- lachend, tanzend, schreiend, hoffend, zweifelnd, schweigend, schreibend im Geheimnis einer göttlichen Gegenwart leben
- Natur als Lehrmeisterin: Bäume, Steine, Staunen, Schönheit und Risse, Schlamm und Wunderwerke, Werden und Sterben als Erlaubnis, unvollkommen-vollkommen zu sein
- Glückspuren im Alltag: Jetzt ist schon alles da, Störungen als Chance, Zeit löffeln, Zwischenräume schaffen
- Innenräume betreten: Heilige Leere, Stille, leibhaftes Beten
- raue Lebensschule: aus der Bahn geworfen, Trauerschmerz, schwarzes Loch, Krisen aushalten und verwandeln, mehr sein als Ängste und Brüche
- intensivstes Leben angesichts des Sterbens: Kraft der Tränen, schweigend-berührend einander im Atmen nahe sein, zerbrechliche Gesundheit annehmen, sterbend dem Leben entgegengehen

Eine Fülle von Inspirationen ermutigen mich, in all meinen bunten Lebensvollzügen mit anderen tastend unterwegs zu sein, frag-würdig zu bleiben, trotz allem solidarisch eine Welt zu entwerfen, die zärtlicher, gerechter und friedvoller wird.

Nach dem Lesen des Buches taucht unerwartet ein inneres Bild in mir auf. Ich sehe Antoinette und Barbara in einem großen Kreis mystischer Frauen und Männer, die ihr Leben dank ihrer Verwurzelung in einem göttlichen Hoffnungsgrund auch zum Klingen bringen: Hildegard von Bingen mit ihrer Grünkraft, Meister Eckhart mit seiner engagierten Gelassenheit, Mechthild von Magdeburg mit ihren erotischen Meditationen, Rumi mit seiner tanzenden Ektase, Marguerite Porète mit ihrem Wissen im Nicht-Wissen, Thomas Merton mit seiner interreligiösen Offenheit, Madeleine Delbrêl mit ihrem Bistro-Dasein, in dem ein göttliches Du sich selbst wird durch uns, Dorothee Sölle mit ihrem heilenden Widerstand und besonders Etty Hillesum, die angesichts von Auschwitz schreiben kann, dass sie das Leben aus den Menschen herauslesen will.

Ich danke den beiden Autorinnen für ihre lebensfreundliche Spiritualität, in der mein spiritueller Weg gut aufgehoben ist.

Pierre Stutz

Einleitung

«Haben Sie mir nicht vielleicht noch zum Abschied ein gutes Wort?», fragte mich die alte Dame am Ende unseres Gesprächs. Ich war erstaunt und etwas verblüfft. Hatte ich doch in meiner Seelsorgeausbildung gelernt, mich zurückzuhalten, meinem Gegenüber den ganzen Raum und die Aufmerksamkeit zu schenken, das Gesagte zu würdigen und vor allem, auch das Schwierige mit den Menschen auszuhalten. Und nun sass ich dieser betagten Frau gegenüber, die mich junge Seelsorgerin um ein persönliches Zeugnis, eine Ermutigung für ihren Weg bat.

Später, im gemeinsamen Nachdenken über diese Bitte, wurde Antoinette und mir klar, dass diese Frau sich mehr wünschte, als gesehen und verstanden zu werden. Sie wünschte sich eine geistige Wegzehrung von mir. Einen guten Gedanken, eine Hoffnungsgeschichte, eine Inspiration, die ihr Kraft und Mut schenken könnte zum Weitergehen. Und sie wünschte sich ein Gegenüber, eine Person, die davon erzählt, was für sie selbst tragend und bestärkend ist.

Uns wurde bewusst, dass auch wir Geschichten, Gedichte und Inspirationen brauchen, die uns zum Spiegel und zum Brot werden. Zum Spiegel, in dem wir uns selbst und unsere Erfahrungen, Fragen und Erkenntnisse wiedererkennen, und zum Wort, welches wie Brot nährt, stärkt und geteilt werden will. Denn Gemeinschaft hilft seit jeher, schwierige Zeiten zu bestehen. Und zu teilen stärkt und verbindet.

Aus demselben Grundgedanken – zu teilen, was uns selbst beschäftigt und berührt, tröstet und trägt – sind später kurze Texte und Gedichte entstanden. Diese haben wir seit Herbst

2007 in unregelmässigen Abständen drei bis vier Mal pro Jahr als Lebensgrund-Newsletter an Interessierte verschickt, welche bei uns Seminare und Ausbildungen besucht hatten oder in Krisenzeiten begleitet wurden. Diese Kurztexte zu schreiben, ermöglichte uns, eigene Erfahrungen nachklingen zu lassen und danach zu fragen, was uns inspiriert, was uns selbst Halt und Hoffnung schenkt – gerade auch in den Krisenzeiten des Lebens. Diese Miniaturen von Texten und Gedichten aus unserer Begleit- und Lebenserfahrung haben wir nun zum 20-jährigen Jubiläum unserer Selbstständigkeit mit «Lebensgrund» wiederentdeckt und überarbeitet, um sie einem grösseren Kreis verfügbar zu machen.

Da wir seit 20 Jahren Menschen in Lebensübergängen und vor allem in Sinnkrisen und Lebensumbrüchen begleiten, umkreisen die Texte und Gedichte dieses Buches neben Alltagserfahrungen immer wieder die grossen Themen von Leben und Sterben, von Abschied und Trauern, vom Umgang mit Krankheit und dem Ringen um den eigenen Weg und die eigene Würde. Sie erzählen von Brüchen und dem Umgang damit, weil das Brüchige zu unserer menschlichen Existenz gehört – zu unserer Endlichkeit und unseren Grenzen. Im Leben, in Beziehungen, im Lieben, im Dasein. Weil es uns als Lüge und verdächtig erscheint, wenn das Brüchige ausgeklammert und das Sperrige im Leben glattgestrichen wird.

Aber zu unserer Existenz gehört auch all das, was Brücken über Abgründe baut, was trägt und Trost schenkt. Der Mut, im Dunkeln weiterzugehen. Das Vertrauen, im Lassen zugrunde zu gehen, und zu ahnen, dass der Grund trägt. Die Kraft, immer wieder aufzustehen. Momente, in denen Menschen über sich selbst hinauswachsen und Wesentliches aufscheint. Manchmal erahnen wir in diesen Augenblicken ein GottGeheimnis und werden von ihm ergriffen. «Lass Dir alles geschehen, Schönheit und Schrecken. Man muss nur gehen. Gib mir die Hand», sagt Gott in Rilkes «Stundenbuch» zum Menschen.

Mit dem GottGeheimnis sind wir zeitlebens unterwegs. Suchend, denkend, meditierend, betend, forschend und erhorchend. Je einzeln und gemeinsam. Angesichts von Schönheit und von Schrecken. Weil es uns damals ergriffen hat, damals in der Jugend, noch bevor wir uns kannten. Noch bevor wir studierten. Dann, in die Zeit unseres Kennenlernens fiel Antoinettes Studienabschluss. Ein Zitat zum Zusammenspiel von Selbst- und Gotteserkenntnis in einer Vorlesung hatte sie derart berührt, dass sie darüber ihre Lizentiatsarbeit schrieb. Der Mystiker und Philosoph Nikolaus von Kues hat im 15. Jahrhundert Mönchen aufzuzeigen versucht, wie sie zur Erkenntnis Gottes gelangen können. Durch alle damals bekannten spirituellen Übungswege hindurch führte er die Mönche an den einen Punkt, wo er Gott zum Menschen sagen liess: «Sei du dein, und ich werde dein sein!» Das heisst soviel wie: An dir vorbei kannst du mich nicht finden. Oder auch: Nimm dich und das, was in dir leben will, radikal ernst, sonst geht dein Leben in die Leere. Dies ist eine Einladung – mehr noch: eine Aufforderung –, authentisch zu leben, in Verbindung mit der eigenen inneren Wahrheit und dem innewohnenden göttlichen Kern. Durch wie viel Schmerz uns dies zuweilen führt und wie heilsam es zugleich ist, bezeugt auch die im letzten Herbst erschienene Autobiografie von Pierre Stutz «Wie ich der wurde, den ich mag» (erschienen im bene! Verlag).

«Sei du dein, und ich werde dein sein!» Diese Aufforderung finden wir auch in Pierres Buch. Es freut und ehrt uns darum sehr, dass er für unser Buch ein berührendes, uns bestärkendes Vorwort geschrieben hat. Danke von Herzen, Pierre!

Da wir uns nicht verstecken wollten als Frauenpaar, haben wir als Theologinnen in der katholischen Kirche keinen Platz gefunden, um unsere Berufung zu leben. Der Ausschluss hat uns auf den Weg geschickt und unser Reden vom letzten Geheimnis befreit von jeglichem Glaubenskodex. Wir heben gerne Schätze der christlichen Tradition, denken entgegen dem

Gängigen die Inhalte neu und erzählen von dem, was uns sinnstiftend, inspirierend und nährend entgegenkommt. Denn es wäre schade – wie dies heute oft geschieht –, das Kind mit dem Bade auszuschütten. Wir finden seit jeher Inspiration, Bestärkung und innere Verbundenheit bei den mystischen Meisterinnen und Meistern des Abendlands. Wir beschränken uns aber nicht auf diese Herkunftstradition, sondern lassen uns ebenso von weiteren spirituellen Quellen ansprechen und bringen sie zu Wort, wo es uns passend, inspirierend und heilsam erscheint. Weil die Menschen auch heute – und besonders heute – nach Sinn und Orientierung suchen. Nach einer weltoffenen und menschenfreundlichen Spiritualität, die das Mitgefühl und die Liebe zum Leben stärkt.

Denn in allem empfanden wir es immer als Auftrag und Geschenk, dieses grosse Ja, diese Verbindung zum tragenden Grund und zum Geheimnis, die uns je einzeln und auch gemeinsam stärkte und zusammenführte, zu leben und in die Welt zu tragen. Als umfassende Liebe, als befreiende und herzöffnende Wahrheit, als Weg.

So wollen wir mit unseren Texten zum Leben ermutigen. Dazu, sich dem Leben zu stellen, so wie es sich im gegenwärtigen Augenblick zeigt. Und dazu, tiefer zu horchen. In einen Dialog und einen Suchprozess zu treten. In eine Offenheit, die Raum schafft für diese andere, tiefere Gegenwart in allem. Und für die je eigene innere Wahrheit und Stimme, die Menschen durch ihre Krisen und durchs Leben führt. So gesehen verstanden wir uns immer als spirituelle Hebammen. Als jene, die Vertrauen schenken möchten und Prozesse mit Fachwissen, Empathie, Erfahrung und Mitgefühl begleiten. Als jene, die zum inneren Wissen in der Tiefe des Herzens führen, zu jenem Wissen, das den nächsten Schritt kennt und zum Weitergehen ermutigt.

Mögen die Weggeschichten und -gedanken dieses Buches Sie, lieber Leser, liebe Leserin inspirieren. Mögen sie ermutigen zur eigenen Lebens- und Forschungsreise und vielleicht auch zu guten Gesprächen und zum Austausch mit anderen. Und möge hin und wieder beim Lesen ein Lächeln über Ihr Gesicht huschen und Lebensmut und Vertrauen ins Grössere, Umfassende, ins GottGeheimnis gestärkt werden – besonders, wenn es gerade schwierig, anstrengend und steinig auf Ihrem Weg sein sollte. Wie bei jener alten Frau, die damals um ein gutes Wort bat.

Sommer 2024
Barbara Lehner und Antoinette Brem

Hilft dir das selbst, was du anderen vermittelst?

Es ist zweifellos seine Spezialität, Fragen zu stellen. Karl, ein 89-jähriger «unwissender Freund, der nicht aufhören kann zu denken», fragte mich: «Barbara, hilft dir das selbst, was du anderen vermittelst an Spiritualität und Trauerbegleitung? Jetzt, wo deine Mutter sterbenskrank ist und du mit ihr einen langen Abschiedsweg gehst?»

Ich verweigere mir eine allzu schnelle Antwort und nehme seine Frage als Einladung, mich auf diese existenzielle Prüfung einzulassen. Ich nehme sie als Aufruf, mich unwissend, neugierig fragend auf den Weg zu machen, eingedenk der Worte von Kyrilla Spiecker: «Sobald du dich auf den Weg machst, öffnet der Horizont seine Grenzen.»

Zum einen entdecke ich einmal mehr: Die Wirklichkeit ist vielschichtiger als jede Theorie. Zum anderen erkenne ich: Die Grundhaltungen, die wir in unseren Kursen vermitteln, tragen auch uns und gelten wohl nicht nur für Krisenzeiten, sondern auch für den «Alltagsgebrauch»:

Einfach da zu sein im Jetzt hilft mir, meiner ganzen Gefühlspalette Raum zu geben, ohne zu werten: Trauer, Wut, Ohnmacht, Erschöpfung, Dankbarkeit, Angst, Freude am Kleinen, Verbundenheit, Einsamkeit, innere Unruhe und geschenkte Momente des Herzensfriedens.

Wenn es mir gelingt, im Loslassen die Kostbarkeit des Gewesenen zu ehren und das Fehlende zu betrauern und zu beklagen, werde ich versöhnlicher und kann meine Grenzen achten.

Ich richte mich darauf aus, kreativ zu bleiben und das Mögliche zu feiern, auch in der Ohnmacht. Diese Haltung hilft mir, auch im Angesicht des Todes das Leben in seiner Fülle anzunehmen und jede Chance zur Lebensfeier zu nutzen – auch im Zusammensein mit meiner Mutter.

Und immer wieder beides wagen, weil beides nährt: Zeiten der Stille und des Rückzugs, um meine Herzensstimme zu hören, und Zeiten der Gemeinschaft mit Freundinnen und Freunden.

Was mich allerdings im Tiefsten trägt: Mich immer wieder betend, fragend, klagend, atmend, bewegend, tanzend, singend, lesend, schreibend, wandernd, schlafend zu verwurzeln in meinem Körper, in der Natur, im Geheimnis göttlicher Gegenwart. Dies ist mir so kostbar. Mich dem Nichtwissen und dem Geheimnis des Lebens anzuvertrauen. Im Ahnen, dass nun einfach jeder Schritt, jeder Tag gelebt werden will und die Kraft uns zukommt, irgendwie. Dass es keinen Sinn macht, schlaflos die offenen Fragen zu wälzen: warum, wie, wozu und wann. Sondern dass es gilt, den kostbaren letzten Weg zu gehen. Schritt für Schritt.

Kostbarer letzter Weg

Im Angesicht des Todes
das Leben wagen.
Die kreisenden Fragen
lassen.

Stattdessen
den Weg unter die Füsse
nehmen,
Schritt für Schritt.

Die wackelige Brücke
des geschenkten Vertrauens
beschreiten,
die über Abgründe führt.

In der Ohnmacht
das Wachsen annehmen,
über sich selbst hinaus,
in eine andere Wirklichkeit.

Sich dem Nichtwissen,
dem Geheimnis anvertrauen
und im Fallen den letzten Grund erahnen,
der trägt, durch alles hindurch.

Barbara Lehner

Was willst du uns sagen, du Schöne?

Während des langen Sterbeprozesses von Barbaras Mutter sind wir oft hinaus in die Natur gegangen. Auch, als es für Barbara besonders schmerzlich war, den langsamen körperlichen Zerfall ihrer Mutter mitzuerleben. Einen geliebten Menschen so gehen lassen zu müssen, ohne etwas tun zu können, tut weh.

Bei einem Spaziergang auf den Sonnenberg drehten sich unsere Gespräche um die Vergänglichkeit und warum es – trotz allem – wichtig ist, sie zu ehren. Allerlei kluge Gedanken kamen uns. Doch im Herzen berührt wurden wir durch folgendes Erlebnis: In einem Garten entdeckten wir die Hüllen der ehemals orangefarbenen Lampionblumen. Hellbraune, filigrane Äderchen sponnen sich um einen leuchtend roten Kern im Inneren. Ein wunderschönes Bild, das uns in Staunen versetzte.

«Was willst du uns sagen, du Schöne?», fragten wir die Pflanze.

Und es war, als ob sie uns antwortete: «In unserem Leben kann manchmal erst durch Vergänglichkeit Kostbares sichtbar werden.»

Ein neuer Horizont öffnete sich uns dadurch, mehr eine Ahnung als ein eigentliches Verstehen. Das hat den Schmerz nicht weggemacht, aber es hat ihn eingebettet in einen grösseren Sinnzusammenhang.

Die Natur erinnert uns daran, dass alles Leben sich ständig verändert, stirbt und sich neu gebiert. Dieses Wissen erspart uns nicht Schmerz und Trauer, die gelebt werden wollen. Aber es lässt uns ahnen, dass das Leben weitergeht, selbst wenn es nicht so scheint. Dass ein Ende häufig gleichzeitig ein neuer Anfang ist.

In diesem Spannungsfeld von Werden, Sein, Vergehen und Neuwerden situieren wir unsere Arbeit. Wir suchen in unseren Kursen und in den Einzelbegleitungen mit den Menschen gemeinsam nach dem grösseren Ganzen, dem göttlichen Urgrund, nach dem, was bleibt und trägt. Dabei bleiben wir selbst Suchende – Antworten sind immer nur vorläufig. Und häufig lassen wir uns von der Lehrmeisterin Natur zu neuen Fragen inspirieren – wie bei der Begegnung mit der Lampionblume.

Tröstliches Grün

Tröstliches Grün
Du bleibst
wenn alles andere
sich verfärbt, abstirbt und fällt

Du bleibst
wenn der Winter kommt
die Kälte
der Nebel
und die Schwere

Du bleibst
wenn fast nichts mehr
zu sehen ist
von der Pracht und Kraft
des Sommers.

Du bleibst
und hältst die Hoffnung wach
und das Erinnern
und die Zuversicht

Du erzählst
von der Kraft in uns
die selbst
den heftigsten Stürmen standhält

die durchhält
und weitergeht, weiterlebt
bis die Stunden und Tage
wieder heller werden
und weit darüber hinaus.

Wie kostbar bist Du
tröstliches Grün!

Barbara Lehner

Nichts ist selbstverständlich

Orte der Kraft, heilsame, heilige Orte – sind dies nur besondere Orte? «Zieh deine Schuhe aus. Der Ort, auf dem du stehst, ist heiliger Boden» heißt es in Exodus 3,5. Eine rabbinische Auslegung dieses Schriftwortes ermutigt dazu, genau den Ort, an dem wir in diesem Moment unseres Lebens stehen, als heiligen Ort zu erkennen. Als Ort also, an dem uns – wie damals Moses – Gottes Gegenwart berühren möchte. Die Frage ist nur, ob wir offen und wach sind, um dieser tieferen Wirklichkeit unseres Lebens im Alltäglichen zu begegnen.

David Steindl-Rast beschreibt es so: «Jeder Ort ist heiliger Boden, denn jeder Ort kann Stätte der Begegnung werden, der Begegnung mit göttlicher Gegenwart. Sobald wir die Schuhe des Daran-gewöhnt-Seins ausziehen und zum Leben erwachen, erkennen wir: Wenn nicht hier, wo sonst? Wann, wenn nicht jetzt? Jetzt hier oder nie und nirgends stehen wir vor der letzten Wirklichkeit.» [1]

Sobald wir also nichts für selbstverständlich nehmen, kommen wir an im Hier und Jetzt und in der letzten Wirklichkeit, die uns überall begegnen kann. Und dann wird alles, selbst das Einfachste, zum Geschenk: der erste Schluck Wasser am Morgen, auf eigenen Füssen stehen zu können, die ersten Schritte in den neuen Tag. Mich in dieser Weise vom Leben überraschen zu lassen, ist eine spirituelle Grundhaltung. Sie führt zu tiefer Dankbarkeit und lässt uns lebendig, neugierig und offen im Leben stehen.

Aber nicht nur im Leichtfüssigen begegnet uns das Kostbare und die Lebendigkeit des Lebens. Auch in schweren Momenten unseres Lebens kann Dankbarkeit aufsteigen. Nicht als Dankbarkeit *für* das Schwere, aber für die Gaben und Möglichkeiten *in* dieser schweren Situation. Manchmal erfahren wir unerwartete Hilfe und Zuwendung. Oft werden die kleinen Dinge und Handlungen, die früher selbstverständlich waren, doppelt kostbar. Werden zu heiligen, heilsamen Momenten des Aufatmens, des Ganzseins im Schweren.

Mit meiner schwerstkranken Mutter erlebte ich solche kleinen Kostbarkeiten im einfachen Zusammensein. Wenn etwas möglich wurde, was uns beiden guttat. Wenn gemeinsam ein kleines Stückchen Normalität gelebt werden konnte. Wenn sich ein heilsamer Augenblick auftat in den Turbulenzen dieser Leidenszeit: Mit dem Rollstuhl vor dem Spital in der Sonne sitzen und ein Eis essen. An guten Tagen zusammen einen Espresso trinken. Mir einen Nachmittag lang Kochrezepte von ihr erzählen lassen. Und als Familie ihren Geburtstag am Krankenbett feiern – mit mitgebrachter Pizza vom Italiener und einem anschliessenden kleinen Rollstuhlausflug zum nahen malerischen Weiher.

In diesen Momenten berührten sich Himmel und Erde. Es schien etwas auf, was mehr war und grösser. Trost wohnte darin und Lachen und Lebendigkeit – trotz und in aller Traurigkeit. Diese Momente bleiben mir in Erinnerung. Sie gaben und geben Kraft. Sie waren voller Zauber, weil nichts mehr selbstverständlich war und das Mögliche deshalb wunderschön.

Zu Grunde gehen

Lass zu
Lass los
Verlass Dich
Überlass Dich
dem Boden
der Mutter Erde
die trägt
und
tiefer noch
dem letzten Grund

Lass Dich
tragen
Lass los
Überlass Dich
ganz

Vertraue –
Du kannst
zu Grunde
gehen

Der Grund
trägt

Barbara Lehner

Vom Risiko zu blühen und dem Verlangen zu reifen

«Und es kam der Tag, da das Risiko, in der Knospe zu verharren, schmerzlicher wurde als das Risiko zu blühen», lautet ein berühmt gewordener Tagebucheintrag von Anäis Nin. Die Natur bescherte uns dieses Jahr einen so prachtvollen Blumen- und Blütensommer, als hätte sie sich diese Worte zu Herzen genommen und beschlossen: Jetzt wird geblüht, komme was wolle. Auch wenn jedes Blühen in ein Verwelken mündet.

Heute ist ein kalter Tag im Oktober. Noch vor ein paar Tagen war es so warm wie im Sommer. Als wollte der Herbst allen, die noch nicht zur Fülle gereift waren, eine letzte Chance geben.

So ähnlich lockt mich das Leben und stösst mich an, immer wieder über mich selbst hinauszuwachsen. Mich der Frage zu stellen: Bin ich bereits die, die ich sein soll? Habe ich meinen Platz im Leben gefunden, wo ich aus vollem Herzen leben und reifen lassen kann, was in mir angelegt ist? Letztlich ist es die Frage nach der eigenen Berufung, nach der eigenen Lebensaufgabe. Denn in allem Wandel und angesichts der Tatsache, dass alles sich jederzeit verändert, scheint es auch eine Konstante zu geben für uns Menschen: das Bedürfnis, wissen zu wollen, wozu ich auf dieser Welt bin.

Doch gerade davor scheinen viele Menschen Angst zu haben. Sie verharren lieber in der Knospe und vermeiden es, sich zu zeigen mit ihren Gaben. Sichtbar zu werden in ihrer Kraft und menschlichen Grösse. Allerlei Wenn und Aber melden sich: Ich könnte ja kritisiert werden! Und wenn ich mich irre? Was, wenn ich eben doch scheitere? Andere machen es sicher besser als ich!

Tatsächlich könnte all das passieren. Was wäre so schlimm daran?

Letztlich geht es um die Frage, ob ich es wage, mich dem Leben vorbehaltlos hinzugeben und mich der inneren Führung anzuvertrauen. Wenn ich dies wage, führt mich das Leben vielleicht ganz woanders hin, als da, wo ich jetzt bin. Aber vielleicht ändert sich auch lediglich mein Blick auf mein bisheriges Leben, es gewinnt an Tiefe und ich kann mich und die Menschen, die mir anvertraut sind, neu wertschätzen.

«Es gibt etwas, was uns Menschen zutiefst traurig macht: zu sterben, bevor wir die Fülle unseres Menschseins erlangen», hat Karlfried Graf Dürckheim einmal gesagt. Einen grossen Teil kann ich selber beitragen. Und um einen anderen wichtigen Teil darf ich bitten. Ich tue dies manchmal mit dem von mir leicht veränderten Bruder-Klausen-Gebet:

«Quelle des Lebens,
nimm alles von mir,
was mich hindert zu dir.
Schenk alles mir,
was mich führet zu dir.
Nimm mich mir und gib mich
mir ganz zu eigen dir.»

Sich glücken ...
auch im Unglück?

Wir haben auf das neue Jahr angestossen und uns alles Gute und viel Glück gewünscht. Ein Super-Glücks-Jahr? In dem uns alles glücken kann? Ist Glück einfach gleichzusetzen mit «Gelingen»? Ein Leben, in dem alles nach unseren Plänen verläuft? Wie im Synonymwörterbuch zu Gelingen beschrieben: «sich hocharbeiten, gut ausgehen, glänzen, aufleben, einen Aufstieg erleben, Fortschritte erzielen, es weit bringen, wachsen, gut gehen, einen Aufschwung erleben, erblühen, sich steigern ...»

Uns spricht in diesem Zusammenhang das Gedicht von Kurt Marti an:

«Glück-Wünsche: / Dass du dir glückst. / Dass dir das Glück anderer glücke. / Dass durch dich / ein oder zwei Menschen / besser sich glücken. / Dass das Glück dich nicht blende / für das Unglück anderer. / Dass du dir glückst /auch im Unglück. / Dass eine Welt werde, / wo zusammen mit dir / viele sich glücken können.»[2]

Kurt Martis Glückwünsche setzen einen gesunden Kontrapunkt zu einer unrealistischen Siegermentalität, die all jene, die «auf der Strecke bleiben», links liegen lässt. Der Text schickt uns mit der Provokation auf den Weg, dass es auch möglich ist, sich im Unglück zu glücken. Dann, wenn wir Ziele nicht erreichen, wenn nicht alles im Leben so läuft wie geplant, wenn sich das Leben quer stellt und sogar dort, wo etwas auseinanderbricht.

Vielleicht ist dies ein wichtiger Teil der Lebenskunst: Ganz da sein mit dem, was jetzt ist und darin offen zu werden für das, was im Brüchigen neu aufscheint und wachsen kann. Darin das Ganze und im Begrenzten bruchstückhaft das Ewige erahnen. Mich öffnen für die unerwarteten Geschenke der Gegenwart, gerade dann, wenn ich mit meinem Latein am Ende bin. Frei werden von Ansprüchen und Zwängen – im Wissen, dass alles Gabe ist und Aufgabe, die es zu empfangen und zu gestalten gilt.

Samuel Rayan, ein indischer Jesuit, bezeichnete Spiritualität einmal mit den beiden Worten «openness and response-ability» – Offenheit und Verantwortung. Für mich bedeutet das, die Fähigkeit, auf die Fragen und Anfragen des Lebens (m)eine Antwort zu finden, in sie hineinzuwachsen. Offenheit brauchen wir, weil uns das Leben letztlich nur in Gemeinschaft mit dem, was über uns hinausgeht, gelingen kann. Denn wenn wir verbunden sind mit dieser Erde und mit Menschen und mit dem tragenden Grund unseres Lebens, kann uns einiges glücken, selbst im Unglück.

Aus dem Herzen leben

«Wie kann ich lernen, aus dem Herzen zu leben?», fragte mich Annina, eine Teilnehmerin meiner Übungsgruppe Shibashi Qi Gong. Ja, wie können wir dies lernen? Meine spontane Antwort damals war: Das Leben bietet uns tagtäglich Gelegenheit dazu. Manchmal ganz unerwartet. Und ich teilte eine Geschichte von einer erstaunlichen Herz-Natur-Begegnung: In einer Zeit des Haderns mit Ungereimtheiten in meinem Leben machte ich einen Waldspaziergang. Wir alle kennen dies: Dinge, die nicht aufgehen, Verletzungen, die sich eisern ums Herz legen und Bitterkeit aufsteigen lassen. Plötzlich stehe ich vor einem Felsen mit einem weissen Herz darauf – eine Flechte, in Herzform gewachsen. Ein Wort aus der Bibel tauchte in mir auf: «Ich will euch ein neues Herz geben und euer Inneres mit neuer Geistkraft erfüllen. Das steinerne Herz will ich aus eurem Körper herausnehmen und euch ein fleischernes Herz geben» (Ez 36,25f). Mit Blick auf die Flechte wurde mir bewusst: mein Herz versteinern lassen – nein, das will ich nicht. Ich sehne mich nach einem lebendigen, berührbaren Herzen. – Und schon weichte sich etwas auf in mir, Tränen stiegen auf über das mir zugefügte Unrecht, weinend kam ich an bei mir, ich fühlte mich mehr und mehr eins mit mir. Ein gesegneter Moment!

In der Übungsgruppe sind wir uns einig: dass sich dies ereignen konnte, war ein Geschenk. Die Voraussetzung dafür war, dass ich mich dafür geöffnet hatte, und es dann, als der Zeitpunkt da war, geschehen liess.

Solche heilsamen Räume können uns in der Natur geschenkt werden. Und sie entstehen auch überall dort, wo Menschen sich gesehen und aufgehoben wissen. Zum Beispiel in einem Augenpaar, das nicht ausweicht und den Schmerz aushält. In einem Gegenüber, das wach und hellhörig mein ganzes Wesen zu erfassen versucht und mir dennoch mein innerstes Geheimnis lässt. In einer Gemeinschaft, in der ich sowohl Stärke als auch Schwäche zeigen darf. In einem Ritual, in dem die tiefste Sehnsucht Gestalt und Ausdruck erhält. Im Erahnen, dass alles Sein aufgehoben ist im göttlichen Ganzen, in dem auch ich in aller Bruchstückhaftigkeit ganz da sein darf.

Manchmal, wenn wir es am wenigsten erwarten, ergeht die Einladung an uns, mit unserem Herzen zu sehen und zu hören. Warum fällt uns dies so schwer?

«Vielleicht, weil ich dann ganz verletzlich werde,» meinte eine andere Kursteilnehmerin, «will ich das? Ich habe mir mühsam einen Schutzwall zugelegt, um nicht immer wieder verletzt zu werden, und du meinst, diesen solle ich ablegen?»

Aus dem Herzen zu leben, ist tatsächlich ein Wagnis. Es beinhaltet die Möglichkeit, reich beschenkt zu werden – und macht uns gleichzeitig verletzlich. Manchmal hat der Schutzwall ums eigene Herz eine Überlebensfunktion. Dann brauchen wir Ermutigung und geschützte Räume, in denen wieder Vertrauen wachsen kann. So viel Vertrauen, dass ich es wage, die inneren Mauern ein Stück weit abzubauen und berührbar zu werden. Damit Wut, Schmerz, Bitterkeit und tiefste Einsamkeit sich verwandeln können und Heilung auf tiefster Ebene geschehen kann.

Wir finden diese Gegenwart dort, wo unsere Herzen heilsame Berührung erfahren. Wo wir trotz aller Wunden zur verletzlichen Lebendigkeit und Liebesfähigkeit des Herzens ermutigt werden. Ganz genau in dem geschützten Raum, den sich die Frauen in der Qi Gong Übungsgruppe allmonatlich schenken! Abschliessend meinte Annina, die eingangs die Frage gestellt hatte: «Jetzt ist mir etwas klar geworden: unsere Gruppe trägt ja nicht umsonst den Titel ‹federleicht kraftvoll›. Auch mein

Herz wünsche ich mir immer mehr federleicht und gleichzeitig kraftvoll. Dies könnte für mich ein Herzensweg sein, dem ich vertrauen möchte.» Sie spricht aus, was wir an diesem Morgen alle empfinden.

Gib Heimat

Verhangen
der Himmel
Sehnsuchtsvoll mein Herz
Wann lichtest du dich
Nebel

Quelle
gib Heimat
meinem betrübten Herzen
erfülle mich neu, Hoffnung
jetzt

Blick
zum Stein
ein Herz erstrahlt
Erstarrtes weicht sich auf
überraschend

Berührt
tief innen
Herz-Heimat gefunden
komme was jetzt wolle
Zuversicht

Antoinette Brem

Stille Gegenwart

Da sass ich also im vollen Speisesaal eines Bildungszentrums. Ohne besondere Funktion war ich eingeladen worden, um ein Jubiläum zu feiern. Ich kannte kaum jemanden und ein «dummer» Zufall wollte es, dass der Platz mir gegenüber leer blieb. Einer der Gäste hatte das Besteck mitgenommen, um sich an einem anderen Tisch bei Bekannten niederzulassen. Der Geräuschpegel war hoch: überall angeregte Gespräche, Lachen, klapperndes Geschirr, lautstarke Diskussionen, Halli und Hallo ... Ich kam mir unter all diesen Menschen ein wenig einsam vor. Doch statt mich zu ärgern oder mich irgendwie zu beschäftigen, entschied etwas in mir, die Situation anzunehmen und einfach wahrzunehmen, was da war.

Ich sah Leute, die miteinander sprachen. Das Servicepersonal, das geschäftig zwischen den Tischen hin und her tänzelte. Gesichter, die sich einander zuwandten.

Und plötzlich verzauberte mich ein Licht- und Schattenspiel, das von der Fensterfront her die Buchenblätter des nahen Waldes auf der weissen Tischdecke tanzen liess. Es war, als ob ein weiterer Gast den Raum betreten hätte. Inmitten der Geräusche und Geschäftigkeit der Menschen nahm eine stille Gegenwart Raum ein. Im Speisesaal und in mir. Sie berührte und verwandelte mich. Friede und innere Ruhe breiteten sich in mir aus.

«Mitten unter euch werde ich wohnen ...» Schekhina – so nennt die jüdische Tradition diese stille und kraftvolle Gegenwart Gottes mitten unter den Menschen. – In den vielen Verpflichtungen und im geschäftigen Tun der letzten Wochen habe ich mich immer wieder nach ihr umgeschaut. Indem ich für einen kurzen Moment innehielt, ausatmete und einfach die Natur, die Geräusche, die Dinge, das Licht und die Schatten, das Leben um mich herum wahrnahm, so wie es gerade war. Und immer wieder erlebte ich, wie eine stille Gegenwart mich hineinnahm in ihr Dasein.

Meine Erfahrung traf sich mit Joachim-Ernst Berendts Worten: «Wir können in die Stille eintreten wie in eine Kirche. [...] Die Stille ist ein Raum.»[3]

«Wir hatten uns beim Umbau des Hauses bewusst entschieden, die Räume so zu gestalten, dass eine wichtige Lehrmeisterin – die Natur – präsent sein kann», betonte ein Mitglied des früheren Bauausschusses während der Jubiläumsfeier. Auch ich muss mich bewusst entscheiden, mein Lebenshaus so zu gestalten, dass diese stille Gegenwart mich immer wieder berühren und verwandeln kann.

Ein leerer Stuhl, ein Moment des Wartens, ein verpasster Zug kann ein Geschenk sein. Eine Einladung, den Alltagstrott und die eigene Gedankenmühle zu verlassen, um mich vom Unerwarteten überraschen zu lassen.

Heimkehren

Stille werden
einfach
sein dürfen

die Seele atmet

göttliches Geheimnis
im JETZT

im Körper erwacht
durchpulst es alle Zellen

kehrt ein
kehrt heim

ich
mitten
drin

ich mit ihm.

Antoinette Brem

Was hast du in diesem Jahr Neues gelernt?

Meine langjährige Freundin Gabriela ist Anfang dieses Jahres vollständig erblindet. Weil das nicht überraschend kam, hat sie sich seit langem darauf vorbereitet. Vieles hat sie für sich schon oft durchbuchstabiert. «Und doch», erzählt sie, «alles ist ganz anders. Ich muss mein Leben völlig neu lernen.» Sie berichtet mir, wie sie sich ein System erarbeitet hat, damit sie sich in ihrer Wohnung auch ohne fremde Hilfe orientieren kann. Wie sie jeden Tag die ihr gesetzten Grenzen auslotet und sich darin neu erfindet.

Gabriela ist Künstlerin. Sie malt farbige, ausdrucksstarke Bilder voller Lebenstiefe und Kraft. Ich schreibe bewusst ‹malt› nicht ‹malte›. Denn auch dies hat sie in diesem Jahr gelernt: wie sie sich als blinde Frau weiterhin dem Spiel der Farben hingeben kann. «Ohne den physischen Kontakt zu meinen Farben», betont sie, «könnte ich keinen Tag überleben.» Es gehe ihr dabei darum, die Glücksspur in sich weiter zu vertiefen, wie sie es bis anhin getan hat. Sie lässt nicht zu, dass sich die Schreckensspur in ihrem Leben verbreitet. «Dass unser Gehirn diese Lernleistung vollbringen kann, ist für mich ungemein tröstlich», sagt sie.

Gabriela hält inne und fragt mich: «Und, was hast du in diesem Jahr Neues gelernt?»

Eine wunderbare Frage, finde ich, und noch immer hallt sie in mir nach wie ein Echo aus dem Seelengrund. Aus jenem Ort in mir, wo meine Sehnsucht berührt wird. Auf dass ich neu lerne, Schreckensspuren zu verlassen und durch die Schatten ins Licht zu wachsen.

Wie gut passt Gabrielas Frage in unsere Zeit! Ist dies doch eine Zeit für Menschen, die noch nicht fertig sind mit dem Leben. Die noch etwas erwarten, ersehnen für diese Welt, für sich selber, mögen die Lebensumstände noch so widrig und spannungsvoll sein. «Wenn wir die Spannung zwischen den Polaritäten lange genug aushalten, so können wir zum Gefäss werden, worin das Göttliche geboren wird,» hat die Jungianerin Marie-Louise von Frantz einmal gesagt. Aushalten meint: annehmen, was sich reibt und herausfordernd ist. Sich dem stellen, was das Leben an uns heranträgt. Die Opferrolle verlassen. Die Anstrengung auf sich nehmen, alte Gewohnheiten ablegen und ganz neue Wege wagen.

Genau dies hat meine Freundin Gabriela getan. Sie ist mir darin zum Vorbild geworden. Ihre Frage hat in mir heilende Kräfte entfacht und mir eine vergessene Erkenntnis neu geschenkt. Wie tröstlich für uns alle, dass wir *lernfähig* sind: fähig, Glücksspuren zu unserem Inneren, von Mensch zu Mensch, von Volk zu Volk zu legen, immer wieder neu.

Danke für die Störung

«Entschuldigung, dass ich Sie gestört habe», sagte er mir am Ende unseres zweiten Gesprächs. Ja, auch wenn ich es mir ungern eingestehe: Herr Lansana hat mich in meiner kleinen Welt, in meinem Planen und Arbeiten gestört. Sein Anruf kam unvermittelt und ich wusste zuerst nicht genau, was er von mir will. Er kannte das Heilsingen – eine Gebetsstunde mit Liedern, einem Text, Stille und einem Ritual, die wir jeden dritten Sonntag im Monat in der Bruchmatt-Kapelle gestalteten. Eine solche Feier wünschte er sich zum Gedenken für jene kongolesischen Christinnen und Christen (darunter waren auch Familienangehörige von ihm), die 1992 während eines Protestmarsches in Kinshasa erschossen wurden, und für die Vergewaltigungsopfer der letzten Monate.

Obwohl ich mich als weltsolidarisch verstehe, war der Kongo bisher nicht besonders in meinem Blickfeld. Erst als Herr Lansana auf mich zukam und ich seine Trauer sah, nahm ich zur Kenntnis, was unsere Medien meist nicht für berichtenswert erachten: die Gewalt, die Rebellengruppen auf die Zivilbevölkerung ausüben und wie die Kämpfe um die Reichtümer Ostkongos Mord, Raub, systematische Vergewaltigung und Vertreibungen provozieren. Diese Bodenschätze werden für die Produktion von Computern und Handys gebraucht. Mit diesem Beispiel wurde mir einmal mehr vor Augen geführt, wie sehr wir alle global verbunden sind. Jetzt weiss ich, dass der Kongo zu meiner Welt gehört – spätestens dann, wenn ich den PC anschalte oder mein Handy benutze.

Und so haben wir diese Gedenkstunde in der Tradition des politischen Nachtgebets für die kleine Gruppe in der Schweiz exilierter Kongolesen durchgeführt. Es war eine Trauerbegleitung der besonderen Art, in der Gemeinschaft gestärkt wurde… die Gemeinschaft der Kongolesen und ein Stück Weltgemeinschaft über die Grenzen der Ignoranz und des Vergessens hinweg.

Ich bin Herrn Lansana dankbar, dass er mich «gestört» hat mit seiner Bitte. Wie vieles, was ungerufen in unser Leben einbricht und zum Umdenken herausfordert, gab er mir die Gelegenheit, im Bewusstsein und Herzen ein wenig zu wachsen. Dies hat mich an einen Ausspruch eines philippinischen Freundes erinnert. Sein liebstes Gebet, meinte Ervin More einmal, sei: «Thank you God, for disturbing me today – Danke, Gott, dass du mich heute gestört hast!»

Vielleicht hilft uns diese Grundhaltung, die Störungen unseres Alltags und die aktuelle Not unserer Welt als Einladung zu verstehen. Als Einladung, handelnd und betend in unserer Offenheit und Weltverantwortung zu wachsen. Als Individuum und als Weltgemeinschaft.

Königliche Würde

In unserem Kulturkreis ist es ein beliebter Brauch, am Dreikönigstag einen Kuchen miteinander zu teilen, in den eine Mandel oder ein kleines Figürchen eingebacken ist. Wer das Glück hat, dies in seinem Stück zu finden, wird für einen Tag Königin oder König. Er oder sie bekommt eine goldene Papierkrone und hat einen Wunsch frei.

Kürzlich sah ich eine Postkarte mit dem Spruch: «Hinfallen, aufstehen, Krone zurechtrücken, weitergehen!» Was mir daran sehr gefällt: Der Spruch durchkreuzt die Vorstellung von königlicher Würde auf mehrfache Weise. «Hinfallen, aufstehen» – das kennen wir von klein auf, passiert uns immer wieder mal, oder? An Königinnen und Könige denken wir dabei wohl eher nicht. Königinnen und Könige fallen doch nicht hin, das wäre alles andere als königlich! Dann, sehr überraschend heisst es: «Krone zurechtrücken, weitergehen!» Das lässt mich aufhorchen. Und mehr als das: Ein Gefühl von Weite breitet sich in mir aus, ich atme freier, richte mich innerlich auf und fühle mich berührt an einem sehr kostbaren Ort in meiner Seele. Ich höre die Botschaft: Wenn du hinfällst, scheiterst, erfolglos bist, erinnere dich daran, dass dir niemand und nichts deine Würde nehmen kann, einfach weil du du bist, ein wertvoller Mensch, mit einem grossen Ja Gottes als Zusage zu deinem Leben. Und weiter: Halte dich nicht zu lange auf mit dem, was nicht gelungen ist, erinnere dich deiner Würde, rücke die Krone zurecht und gehe weiter!

Eine Pflegefachfrau erzählte einmal während einer Tagung folgende Begebenheit: Ein sterbender Mann musste seinen Darm entleeren. Noch lebend lag er in seinem eigenen Kot. Da die Frau erkannte, wie nahe er dem letzten Atemzug stand, war sie unsicher: Sollte sie ihn sauber machen und womöglich im Sterbeprozess stören oder ihn ‹einfach so› gehen lassen? Der Mann half ihr bei der Entscheidung. Obwohl er schon lange Zeit nichts mehr mit Worten geäussert hatte, richtete er sich jetzt ein wenig auf und sagte: «Hosen voll!» Nur die zwei Worte. Da wusste die Frau, was sein letzter Wille war. Sie machte den Mann und sein Bett sauber, zog ihm neue Wäsche an und wenige Minuten später konnte er sterben. Er wollte diese Welt nicht «schmutzig», in seinen eigenen Exkrementen liegend, verlassen. Er hat sich noch einmal sehr eindrücklich selber die Krone zurechtgerückt, bevor er «weitergehen» konnte.

In grosser Abhängigkeit von anderen Menschen dafür noch die Kraft aufzubringen, setzt wohl ein tiefes Wissen um die eigene Würde voraus. Die in uns gelegte Würde ist ein Geschenk des Lebens an uns – und wir können einander gegenseitig helfen, dieses Geschenk in unserem Leben zu entfalten. Häufig reicht dazu ein liebevoller Blick, ein Zeichen des Mitgefühls. Denn wir sind nicht nur für einen besonderen Tag im Jahr Königin oder König und auch nicht allein. Wir alle tragen die königliche Würde in uns, jederzeit, das ganze Jahr über.

Was lässt mich glücklich sein?

Ich war unterwegs vom Luzerner Bahnhof zum Jesuitenplatz. Da kam mir ein Inder mit schwarzem Turban entgegen. «You are a lucky woman! – Sie sind eine glückliche Frau!», sagte er zu mir. Ich blieb überrascht stehen und fragte ihn, warum. «You will be lucky in two months! I am a fortuneteller! Do you like fortunetellers? – Ich bin ein Wahrsager! Mögen Sie Wahrsager?», antwortete er augenzwinkernd und weg war er.

Interessant war dann meine Reaktion auf diese «Verheissung»: Ich begann sofort zu überlegen, was in zwei Monaten sein wird und was mich dann glücklich machen könnte. Ein Lottogewinn? Ein besonders toller Auftrag? Ein Geschenk? Werde ich eine schwierige Aufgabe bewältigt haben? Das Glück, wenn im Unglück doch nichts Schlimmeres geschieht? Nichts von alledem schien mir einleuchtend. Und dann gab es diese klare Stimme in mir, die sagte: Das stimmt nicht! Nicht erst in zwei Monaten: Ich bin bereits *jetzt* glücklich! Ich kann gehen, bin gesund und munter und lebe ein erfülltes Leben. Das ist so viel!

Die Begegnung liess mich darüber nachdenken, wann Menschen sich glücklich fühlen. Was hilft ihnen, gerade auch, wenn nicht alles rund läuft im Leben, wenn jemand mit einem schweren Schicksal oder einem seelischen oder körperlichen Leiden leben muss?

Ich erinnerte mich an Begegnungen als Seelsorgerin im Betagtenheim. «Wissen Sie, Frau Lehner», hiess es dann, «ich habe ja dieses und jenes Leiden, aber wenn ich andere sehe, dann geht es mir ja noch recht gut.»

Zunächst fragte ich mich, ob das ein Glück auf Kosten der Leiden anderer ist. Aber dann erkannte ich, dass es die Fähigkeit ist, nicht nur auf die Begrenzungen zu schauen, sondern die (verbleibenden) Möglichkeiten zu sehen und – hoffentlich – für die eigene Lebensgestaltung zu nutzen. Das Glück, das zu sehen, was (noch) möglich ist – auch im Unmöglichen und Schweren.

Dazu gesellt sich eine Spiritualität der Dankbarkeit: die Weisheit, nichts für selbstverständlich zu nehmen, berührbar und offen zu werden für die Kostbarkeiten des Alltags.

Das ist Lebenskunst im Altern, finde ich.

Glücklich ist, wer das Glück nicht im Aussergewöhnlichen und Spektakulären sucht, sondern in den Geschenken des Alltags. In dem, was trotz allem möglich ist.

Was wirklich zählt

Wieder nehme ich sie zur Hand, die Liste unserer Freundin Lisianne. «Was ich gerne unternehmen würde …». Entstanden ist sie in einer ihrer vielen schlaflosen Nächte, kurz bevor Lisianne einer Operation wegen ins Spital musste. Das war Anfang April. Nichts von dem, was auf ihrer Liste stand, konnten sie und wir, ihre Freundinnen und Freunde noch umsetzen. Mitte Mai ist Lisianne nach zweijähriger Krankheit gestorben.

Man sagt, jeder Mensch, der geht, hinterlässt den Zurückbleibenden eine Botschaft. Lisianne hat sich seit ihrer Erkrankung konsequent all den Aspekten im Leben zugewandt, die «wirklich zählen». Sie war immer schon eine Frau, die ihren Weg bewusst ging. Ihre Krankheit hat sie jedoch in einer Art mit der eigenen Vergänglichkeit und der Endlichkeit des Lebens konfrontiert, die sie nochmals neue Schwerpunkte setzen liess. Was jetzt wirklich zählte, stand darum in unseren Begegnungen des letzten Jahres immer im Mittelpunkt. Einmal haben wir uns über ein paar Sätze aus einem Brief ausgetauscht, den die 85-jährige Nadine Stair an ihre Enkelkinder geschrieben haben soll:[4]

«Könnte ich mein Leben nochmals leben, dann würde ich das nächste Mal riskieren, mehr Fehler zu machen. Ich würde mich entspannen, lockerer und humorvoller sein als dieses Mal. Ich kenne nur sehr wenige Dinge, die ich ernst nehmen würde …»

Für Lisianne gehörte zu diesen Dingen, ihrem nahenden Tod bewusst in die Augen zu schauen. Wir waren uns einig: die Beschäftigung mit dem eigenen Sterben ist kostbar, weil wir ermutigt werden, das, was wirklich zählt, jetzt zu leben. Unser Leben nicht aufzuschieben, gerade weil wir wissen, dass es begrenzt ist. Zwei Wochen später ist Lisianne zum letzten Mal in ihre geliebten Tauchferien gefahren. Und in ihren letzten Lebensmonaten haben sich einige Menschen mit ihr ausgesöhnt, wo jahrelang nichts zu bewegen war.

Meine letzte Begegnung mit ihr war zwei Wochen vor ihrem Tod. Ich verabschiedete mich von ihr, bevor wir in unsere Ferien fuhren. Wir wussten beide, dass es das letzte Mal sein wird. Schon am Telefon hatte sie zu mir gesagt: «Wenn du aus Elba zurückkehren wirst, werde ich nicht mehr leben.» Auf allerhand war ich gefasst, als ich ihr Zimmer betrat, nicht aber, dass Lisianne aufrecht im Bett sitzen und mich mit einem herzlichen Lachen im Gesicht begrüssen würde.

«Ich sehe nicht aus wie eine Sterbende, stimmt's?», empfing sie mich. Denn natürlich hatte sie meinen fragenden Blick wahrgenommen.

«Du gehst deinen Weg so bewusst, dass ich es dir einfach glaube, wenn du sagst, dass du in den nächsten zwei Wochen sterben wirst,» antwortete ich ihr.

Dann schauten wir uns schweigend an, bis sich in mir eine Frage formte: «Woran merkst du, dass du bald sterben wirst?»

Sie habe in den letzten Wochen für sich eine grosse Klarheit leben können, was sie tun, was sie aber auch lassen wolle vor ihrem Tod. «Ich war nach meinem Empfinden klar die Steuerfrau – das hat mir geholfen, schwierige Momente zu bestehen,» erzählte sie. «Seit gut einer Woche ist mir innerlich wie das Steuer aus der Hand genommen worden, ganz sanft und doch klar, als hätte sich ein Schalter umgelegt ... ich darf mich nun anvertrauen, ohne selber aktiv sein zu müssen. Es geschieht einfach mit mir. Ich lasse es zu. Seither breitet sich in mir ein grosser Frieden und ein grosses JA aus.»

Wieder schweigen wir. Ich lasse ihre Worte in mich sinken. Dann sagt Lisianne diesen einen Satz, der an ein früheres Gespräch zwischen uns anknüpft: «Mich hingeben an eine grössere Weisheit – das möchte ich unbedingt ernst nehmen; was jetzt zählt, möchte ich nicht verpassen.»

Wir verabschiedeten uns voneinander – beide mit Tränen in den Augen. Es waren Tränen der Trauer, ja. Aber noch mehr waren es Tränen tiefen Berührtseins, weil wir einander eine echte Begegnung und einen letzten kostbaren Augenblick schenken durften, in dem einfach sein konnte, was ist. Einen Augenblick, der wirklich zählt.

Heute morgen habe ich begonnen, meine eigene Liste zu schreiben. Schwester Tod als Lebenscoach daneben zu wissen, hilft mir zu entscheiden, was wesentlich ist. Und ich wünsche mir, dass ich die Gnade habe, bei allem Planen und aller Bewusstheit, wach zu bleiben für Augenblicke, die wirklich zählen. Augenblicke, die nicht geplant werden können, sondern eine bedingungslose Offenheit für das Wunder brauchen, das jederzeit in unser Leben treten kann.

Gereift

Gereift
gewandelt
zur Fülle gebracht

Von Erde, Feuer,
Luft und Wasser
durchtränkt
bis auf die Herzhaut

Ewigkeitsfunken
verkostend
im
Hier und Jetzt

angekommen
in mir
in dir
Geheimnis des Lebens

Antoinette Brem

«Übt weiter
bis zum Ende»

Wir sind nach Sydney gereist, um ein letztes Mal von unserer Qi Gong Meisterin Marimil Lobregat zu lernen. Mitten aus unserer letzten Übestunde – eine halbe Stunde vor unserem geplanten gemeinsamen Abschluss – wurde sie notfallmässig zu einer sterbenden Frau gerufen. Sie, die aufgrund einer eigenen Erkrankung jeden Moment sterben könnte. Marimil hat diese Diagnose nicht daran gehindert, das zu tun, was sie in den letzten Jahren schon immer getan hat: Sterbende begleiten und Menschen mit der lebensfreundlichen Spiritualität des Shibashi Qi Gong vertraut machen. Sie warf ihre Angst in die Luft und gab weiterhin, was sie zu geben hatte – auch mit 86 Jahren empfand sie sich noch immer im Spätsommer des Lebens, wo die letzte Reife erfolgt, hin zur Vollendung der Früchte, bevor sie geerntet werden. Dies war in der Qualität ihrer Bewegungen im Qi Gong wunderbar spürbar. Und es war vernehmbar aus den Worten, die sie sprach und den Schwerpunkten im Tageslauf, die sie setzte.

Er kam an diesem Morgen unerwartet plötzlich, unser Abschied von ihr. Wir blieben zurück mit Tränen in den Augen. Ihre letzten Worte an uns waren gedacht als Aufforderung, unsere Übestunde einfach ohne sie weiterzuführen: «Keep on practicing to the end!» Und sie klangen gleichzeitig wie das Vermächtnis einer Meisterin der Lebenskunst an ihre Schülerinnen. «Übt weiter bis zum Ende.» Marimil meinte dies durchaus fürs Shibashi Qi Gong. Doch die Worte erreichten uns noch anders und inspirierten einmal mehr, den Blick auf das eigene Leben zu weiten: Es ist nicht wichtig, wo über meiner Lebensbrücke die Sonne grade steht, ob am Anfang, in der Mitte oder nah dem anderen Ende. Wichtig ist nur, dass ich nicht aufgebe, sondern weiter übe. Dass ich mich trotz Einschränkungen und Unfertigem dem Leben zuwende. Dass ich die Herausforderungen des Lebens als Aufforderung nehme zu wachsen. Und mich nicht in meine kleinen Verletzlichkeiten einmauere, sondern mich aus vollem Herzen dem Fluss des Lebens anvertraue. Gerade so, wie ich beim Qi Gong mich jeder einzelnen Bewegung anvertraue.

Das etymologische Wörterbuch nennt zum Wort «üben» übrigens folgende sinnverwandten Ausdrücke: lernen, arbeiten, musizieren, einüben, schuften, trainieren; befolgen, beobachten, dabeibleiben. Bemerkenswert finde ich die Bedeutung des Wortes Übung aus dem Altniederdeutschen, der ältesten Stufe des heutigen Plattdeutsch: einen Festtag begehen, feiern.

Üben wir also getrost weiter bis zum Ende – und vielleicht hilft es in den mühsamen Übe-Momenten des Alltags, daran zu denken, dass wir dabei immer wieder einen Festtag begehen dürfen.

Zeit verlöffeln

«Jetzt hani öppe Zit verlöfflet!», meinte kürzlich eine Freundin. Zeit *verlöffeln*, was für ein Wortbild: die Vorsilbe *ver* spricht vom Verlieren, Verraten, Vertun, Verlegen, Verspäten …

«Zeitverlust», nicht mehr «Wartezeit», werden neuerdings die Verspätungen im öffentlichen Verkehr genannt. Als ob die Zeit uns gehören würde und wir sie portionsweise einteilen und nutzen könnten. Dabei ist die Zeit wie ein Fluss, der sich unaufhaltsam bewegt, sich ständig wandelt und doch ewig fliesst.

Zeit *verlöffeln* wir mit Tun und Sein, das nicht dem Abarbeiten der Pendenzen und dem Erarbeiten eines konkreten Gewinns dient. Zeit, die in sich zweckfrei ist … Zeit, die vergeht mit einem Krimi, der mich meinen Alltag vergessen lässt, mit dem Kind, das gerade meine Aufmerksamkeit sucht, mit den alternden Eltern, die sich über den Besuch und die tausend kleinen Handgriffe freuen, mit dem Hund, mit dem ich heute ausgiebig gespielt habe, oder mit der Freundin, die spontan anrief und meinen Rat brauchte.

Wie wäre es, die Vorsilbe wegzulassen und stattdessen von Zeit *löffeln* zu sprechen? Wie ein kostbares Gericht, das ich mir Löffel für Löffel auf der Zunge zergehen, das ich verkosten und geniessen will. Wer nur lebt, um effizient die eigenen Pendenzenlisten zu erledigen, wird vielleicht vieles erreichen, ist aber in Gefahr, innerlich zu verhungern. Weil wir eben Zeit brauchen. Unverplante und unnütze Zeit zum Verdauen, Verweilen, Verräumen, Verklingen, Verkosten.

Möge uns das Leben von seinem Atem schenken, vom Zauber des Augenblicks, der uns verführt … zum Zeit löffeln!

Verbunden mit dem, was unzerstörbar ist

Namaste ist ein Wort aus dem indischen Kulturkreis. In einigen asiatischen Ländern ist es eine alltägliche Geste des Grusses und des Respekts. Sinngemäss bedeutet es: «Ich verbeuge mich vor dir.» Oder: «Du und ich, wir sind eins. Ich grüsse, ehre und verehre Gott in dir.» Oder: «Das Göttliche in mir grüsst das Göttliche in dir.» So ist diese Geste ein Zeichen der Ehrerbietung gegenüber anderen Menschen und gegenüber der Gegenwart des Göttlichen in einem Heiligtum.

Wir schließen mit diesem Gruß die Bewegungsmeditation Shibashi Qi Gong ab.

Zur Zeit lerne ich seine Bedeutung noch tiefer kennen. Denn angesichts der Demenzerkrankung meines Vaters ist es, als hätte ich eine neue Sprache zu erlernen. Eine Sprache ohne Worte, denn Worte allein erreichen meinen Vater nicht mehr so, wie es ein Leben lang möglich war. Im Zusammensein mit ihm lerne ich neu und tiefer als bisher die Sprache des Herzens.

«Das Herz wird nicht dement» lautet der Titel eines wunderbaren Buches von Udo Baer und Gabi Schotte-Lang. Dies wurde mir kürzlich sehr bewusst: Wir sassen mit meinem Vater am Tisch. Das Gespräch drehte sich um Alltägliches. Jemand erwähnte einen Unfall, der sich tags zuvor ereignet hatte. In einem unachtsamen Moment fügte ich hinzu, dass dabei zwei junge Menschen gestorben seien. Da begann mein Vater zu weinen. Während ich mehr mit dem Kopf als mit dem Herzen bei diesem Unfall war, nahm mein Vater diese Nachricht im Herzen auf. Und ging mit den darunter liegenden Gefühlen in Resonanz.

Resonanz bedeutet, dass zwischen zwei Menschen etwas hin und her schwingt, z.B. Freude, Trauer, Sehnsucht usw. Die Resonanz ist eine Chance, Menschen zu erreichen, die sonst nicht erreicht werden können. Alle Menschen brauchen Resonanz, Menschen mit Demenz lehren uns dies auf neue, sehr konkrete Weise. Für mich hat dies in der Begegnung mit meinem Vater etwas sehr Tröstliches: Gehe ich in Resonanz mit dem göttlichen Kern in mir, berühre ich gleichzeitig den göttlichen Kern meines Gegenübers. Ich berühre das, was unzerstörbar weiterlebt – auch dann, wenn alles andere schon «gegangen» ist.

Mahatma Gandhi, die «Grosse Seele», hat seinem Freund Albert Einstein die Bedeutung von *Namaste* in diesen Worten erklärt: «Ich verbeuge mich vor dem Ort in dir, an dem der ganze Kosmos wohnt. Ich verbeuge mich vor dem Ort der Liebe, des Lichtes, des Friedens, der Wahrheit und der Weisheit in dir. Ich verbeuge mich vor dem Ort, wo, wenn du an diesem Ort in dir bist und ich an diesem Ort in mir bin, es nur das Eine von uns gibt.»

So verneige ich mich vor meinem Vater in Ehrerbietung, Dankbarkeit, Anerkennung und Respekt vor dem Göttlichen in ihm. Denn auch dies, genauso wie sein Herz, wird nicht dement.

Vom Wert
unverplanter Zeit

Zu Beginn eines jeden Jahres liegen vor uns 365 Tage – Tage voller Möglichkeiten, die sich geplant oder ungeplant im Jahresverlauf entfalten werden.

Mit dem Ausspruch «Planung ist das halbe Leben» wies eine frühere Chefin in Anlehnung an eine gängige Redensart immer auf die sicherlich auch notwendige Tatsache hin, dass wir in unserer komplexen Zeit vorausschauend auf das blicken sollen, was vor uns liegt. Wir tun dies eingedenk der Worte eines unserer Lieblingspoeten, des irischen Autors David Whyte: «Was du planen kannst, ist zu klein für dich zu leben. Wo du aus ganzem Herzen Leben kannst, werden Pläne genug erwachsen aus der in deinem Schlaf verborgenen Lebenskraft.»[5]

Ein kostbares Gut droht in unserem häufig durchgeplanten Alltag verloren zu gehen: unverplante Zeit, in der sich das Leben ereignen kann. Für uns heißt das konkret: So notwendig es ist, unsere Seminare und Gruppen gut zu planen, sind wir immer auch auf Herzenswege gerufen. Diese zeigen sich, wenn wir offen und im Vertrauen bleiben können.

Unverplante Zeit schenkt Raum für überraschende Begegnungen. Manchmal stehle ich sie dem durchgetakteten Tag. Wie kürzlich, als ich wieder einmal spontan einen Abstecher ins Brockenhaus machte. Ich wollte nur ‹ganz schnell› (!) die Bücherecke durchforsten. Als ich das Gebäude betrat, erklang Klaviermusik aus dem hinteren Teil des Raumes. Die Melodie zog mich sofort in ihren Bann, die Bücherecke war vorerst vergessen. Am Klavier sass eine alte Frau im Wintermantel, völlig in ihr Spiel versunken. Mit Hingabe und einem Leuchten im Gesicht gab sie sich den Klängen und dem Tanz ihrer Hände hin. Weitere Menschen blieben wie ich stehen und lauschten. Als die Frau ihr Spiel beendet hatte und aufblickte, ging ein Bub, der mit seinem Vater zugehört hatte, zu ihr hin, reckte sich auf den Zehenspitzen in die Höhe und drückte der alten Dame einen Kuss auf die Wange. «Ich auch spielen, du mir zeigen», sagte der Kleine in gebrochenem Deutsch. Sein Vater schwankte zwischen Rührung und Verlegenheit. Da nahm die Frau den Kleinen auf ihren Schoss und spielte mit ihm ein Kinderlied, indem sie sanft seine Hände führte. Als das Lied zu Ende war, applaudierten wir Umstehenden gerührt. Der Vater bedankte sich und wollte mit seinem Sohn gehen. Da hielt ihn die Frau zurück: «Heute ist mein Glückstag. Wissen Sie, ich bin seit einem Monat im Altersheim, wo es kein Platz für mein Klavier gab. Jetzt komme ich wann immer ich kann hierher, um zu spielen. Und heute hatte ich zum ersten Mal einen Schüler!» Zu dem Jungen gewandt sagte sie: «Danke für unser kleines Spiel, hast du gut gemacht!»

Diese kleine Episode hat bewirkt, dass mein Tag völlig anders verlaufen ist, als ich es geplant hatte. Auf dem Weg nach Hause habe ich darüber nachgedacht, warum mich dieses Erlebnis so beglückt hat, obwohl meine Arbeit liegengeblieben ist. Ich erinnerte mich an eine Geschichte, die mir damals in meinem Theologiestudium begegnet ist. Sie stammt aus dem Mittelalter und handelt von zwei Mönchen, die gemeinsam herausfinden wollten, wie es wohl sein wird, wenn sie vor Gottes Antlitz treten werden. Hin und her gingen ihre Spekulationen, bis sie eines Tages beschlossen, dass, wer zuerst stirbt, dem anderen im Traum erscheinen und ein einziges Wort sagen würde. Entweder «taliter» – es ist so, wie wir es uns vorgestellt haben. Oder «aliter» – es ist anders, als wir es uns ausgemalt haben. Als dann einer der Mönche starb, erschien er dem noch Lebenden im Traum und sagte statt eines der beiden verabredeten Wörter alle zwei, das erste aber leicht abgeändert: «Totaliter aliter» – es ist vollkommen anders!

Auch ohne den Blick auf die Ewigkeit zu richten: Letztlich können wir nicht einmal wissen, wie ein Tag werden wird, geschweige denn ein ganzes Jahr. So plane ich mit der Offenheit, dass es vielleicht so wird oder ganz anders oder vollkommen anders. Und erinnere mich dann und wann mit einem augenzwinkernden Lächeln an unsere mittelalterlichen Vorfahren.

«Ich bin mehr als diese alte Frau, die Sie sehen!»

«Ich bin mehr als diese alte Frau, die Sie sehen!», meinte sie damals, als ich sie als Betagtenseelsorgerin besuchte. Eine Frau im Rollstuhl, gezeichnet von Parkinson und mit dem strahlenden Lächeln einer jungen alten Seele. Gemeinsam lauschten wir ihrer Lieblingsmusik. «Ich bin auch die junge Frau, die auszog, um die Welt zu entdecken. Die Tanzende im Ballkleid, die Verliebte, die alleinerziehende Mutter, die Selbstständige, die ihren Weg ging, die Suchende und vor allem die, die Musik seit jeher liebt.»

«Ich bin mehr als das, was Sie sehen.» – Diese Worte schrieben sich in mein Herz und ich trage sie weiter als kostbare Erinnerung.

Innere Freiheit heisst, dass wir Leben wagen trotz Furcht und Begrenzungen. Dass wir uns nicht festschreiben lassen von einer Situation und von unserem Denken, unseren festgeschriebenen Bildern. Von unserer Angst und unserem Bedürfnis nach Kontrolle und Sicherheit, das uns festhält im Vorgegebenen. In uns allen lebt eine wilde Seele, die mehr will als das Vordergründige. Eine Seele, die um das Verborgene weiss und die gefährliche Weite und Freiheit erahnt, zu der wir einst aufgebrochen sind.

«Die Freiheit fordert uns dazu heraus, aufzuwachen und aller Möglichkeiten gewahr zu werden, die im Erdreich unseres Herzens schlummern», sagt John O'Donohue.[6] Wir sind alle mehr, als wir vorerst wahrnehmen und denken – als Individuum und als Gesellschaft. Um dies zu erkennen, müssen wir die

Scheuklappen unserer Gewohnheiten und unserer vorgefassten Meinungen erkennen und uns davon befreien. Manchmal werden wir durch die Herausforderungen und Grenzen des Lebens dazu gezwungen.

Daneben bietet uns das Leben Spielräume an, in denen wir dieses Mehr erkunden und in eine grössere Freiheit hineinwachsen können: Die Fastenzeit beispielsweise ist eine Gelegenheit, Freiheit im Verzicht und im Teilen zu finden. Wenn ich mich löse von Überflüssigem, das mich trennt von meiner wilden Seele und dem unmittelbaren Zugang zur Welt.

Und die Narrenzeit fordert auf, Ordnungen auf den Kopf zu stellen, mit Humor das Gegebene zu hinterfragen und das Mächtige zu entlarven. Mit einer kräftigen Portion Humor entsteht Distanz zu den Dramen des Alltags und zum Regelwerk des Festgeschriebenen und Auferlegten. In neuen Rollen entstehen neue Möglichkeiten der Begegnung untereinander und vielleicht auch mit dem tiefsten Grund unserer Seele, die der Sehnsucht nach Leben in Fülle folgen will. Weil sie um das Mehr an Menschlichkeit, Lebendigkeit und Liebe weiss.

bedenken

wo nicht gespielt
wo nicht gelacht
wo ausgelassen der Tanz
und nicht gepackt die Gelegenheit
erbarm dich Gott

wo niemals verkehrt
wo niemals verrückt
wo niemals vergebens
und unsterblich verliebt
erbarm dich Gott

wo immer fehlerlos
wo immer faltenfrei
wo immer gut verpackt
und vernünftig gedacht
erbarm dich Gott

wo auf Jahre geplant
wo auf Lebzeit gemacht
wo für die Ewigkeit gelernt
und seit Adam und Eva gleich
erbarm dich Gott

wo nie barfuss
wo nie Hals über Kopf
wo nie mit Haut
und Haar
erbarm dich Gott

Jacqueline Keune[7]

Von Juwelen
und göttlichen Wegen

«In meinem Herzen ruhe ich.
Aus meiner Tiefe schöpfe ich.
Im Geist der Liebe atme ich.
Christus in mir ist erwacht.»[8]

Christus in mir ist erwacht. Was löst dieser Satz in Ihnen aus? Ein klares «Ja, so ist es!» oder eher «Nein, lasst mich bloss mit solchen Floskeln in Ruhe!»? Oder etwas zwischen klarer Zustimmung und entschiedener Ablehnung?

Wir haben den ganzen Tag getanzt und Lieder aus unterschiedlichen religiösen und kulturellen Zusammenhängen gesungen. Am Ende des Tages tauschen wir uns aus: Was hat berührt, was ging nah? Was wirkte befremdlich, irritierend?

Eine Frau teilt ihren inneren Weg mit dem christlichen Lied und dem dazu getanzten Gebet. Es habe sich am Anfang alles gesträubt, sich auf dieses Lied und seinen Inhalt (siehe oben) einzulassen. «Ich dachte, nicht schon wieder dieses Gesülze von Liebe usw. Doch dann bin ich in Kontakt gegangen mit meiner Priesterinnen-Seele und habe mich allmählich dem Lied, den Worten und den getanzten Gebärden zum Lied öffnen können. So wurde es eine tiefe Erfahrung für mich. Mich hat berührt, wie in mir jede Zelle in Resonanz ging mit dem spirituellen Erbe des Christentums.»

Unsere Freundin, die philippinische Ordensfrau Mary John Mananzan, wurde von christlichen Glaubenshütern kritisiert, weil sie – neben dem täglichen Besuch der Eucharistiefeier –

mehrmals wöchentlich in einem buddhistischen Ashram meditiert. Sie antwortete auf die Kritik mit einem Gleichnis: «Wenn ich auf der Strasse gehe und vor mir plötzlich einen Juwel liegen sehe, werde ich mich bücken und ihn zu mir nehmen und Gott danken für mein Glück. Es käme mir – und wohl auch niemandem unter euch – in den Sinn zu fragen, ob dies ein christlicher oder buddhistischer Juwel sei. Wenn wir also so viele Juwelen in unseren religiösen Traditionen haben, warum sollen wir uns nicht an jedem Einzelnen erfreuen dürfen?»

In letzter Zeit scheinen viele Menschen bei uns eher zu zögern, christliche Juwelen beherzt zu sich zu nehmen – und wenn, dann eher etwas verschämt. Die oben erwähnte Frau geht als spirituell offene Frau ihren Weg seit langem ausserhalb einer christlichen Kirche. Zu häufig machte sie die Erfahrung, mit ihren Priesterinnen-Gaben nicht erwünscht zu sein und dass ihr ungefragt etwas übergestülpt wurde, was nicht zu ihrer eigenen Lebensauffassung passte. Viele suchende Menschen wenden sich aufgrund von spirituellen und physischen Missbrauchserfahrungen ganz von ihrem christlichen Erbe ab, was sehr verständlich ist. Und damit auch von einem möglichen Eingangstor zum göttlichen Urgrund des Lebens. Dies zu beobachten, schmerzt immer wieder.

Und doch findet das Leben Gottes immer wieder Wege, sich in verschiedenen religiösen und spirituellen Gewändern zu zeigen, auch in christlichen, wie die folgende Geschichte aus unserer Begleitarbeit eindrücklich zeigt:

Peter wuchs in zerrütteten Familienverhältnissen auf, sein Vater war Alkoholiker und vom Krieg traumatisiert. Er erzählt, wie er als knapp Sechsjähriger einmal vom Spielen nach Hause kam und seinen Vater betrunken und mit offenen Pulsadern vorfand. Der Junge erkannte sofort, dass der Vater sterben würde, wenn nicht bald Hilfe käme. Obwohl ihm das niemals jemand gezeigt hatte, nahm er den Telefonhörer und wählte die Notrufnummer – und sein Vater konnte rechtzeitig gefunden und gerettet werden. «Da war jemand da und hat mir gesagt, was ich zu tun habe», erzählte Peter später. Peter war bis dahin ohne religiöse Erziehung aufgewachsen, hatte noch nie etwas gehört von biblischen Geschichten und Gestalten. Einige Jahre später war er zu Besuch bei einem Schulfreund. In dessen Zimmer sah er ein kleines Bild hängen. Der Mensch, der darauf abgebildet war, kam ihm bekannt vor. Er fragte, wer dies denn sei, denn dieser Mann sei es gewesen, der ihm damals sagte, was er zu tun habe, als sein Vater dem Sterben nahe war. Er sei seither sein sicherer Kompass im Leben geworden. Sein Freund erklärte ihm höchst verwundert: «Der auf dem Bild ist Jesus Christus.»

Lassen wir uns darum nicht nehmen, dass der Juwel Christus in uns und in anderen erwachen kann, auch heute noch. Lassen wir uns aber auch nicht nehmen, dass die religiösen und spirituellen Traditionen der Menschheit viele weitere Juwelen für uns bereithalten, jenseits von unseren guten oder schlechten Erfahrungen mit ihren Vertreterinnen und Vertretern.

Eine Frage
fürs ganze Leben

«Wissen Sie, wer Sie sind?» Das hat mich vor einigen Wochen eine Frau mit Demenz völlig unerwartet gefragt, als ich meinen Vater im Pflegeheim besuchte.

Ich antwortete ihr nach kurzem Innehalten: «Manchmal weiss ich dies wirklich nicht so genau!»

Und wir mussten beide lachen. Menschen, die sich selbst abhanden zu kommen scheinen: Wachsen sie unter Umständen in eine grössere Wahrheit hinein, als wir mit unserem Verstandeswissen meinen? Welche heilige Geistkraft in ihnen bringt solche wesentlichen Fragen hervor? Fragen, die uns sprachlos machen – so einfach sie scheinen, so gross sind sie, oft vielleicht grad eine Nummer zu gross für uns?

Mir erging es in dieser Situation ähnlich wie Khalil Gibran: «Nur einmal machte man mich sprachlos. Es war als mich jemand fragte: Wer bist du?»[9]

Nach meinem Besuch im Pflegeheim haben wir uns am Abend daheim darüber unterhalten, warum uns diese einfache Frage so in Verlegenheit bringen kann. Manchmal scheint es einfacher, darauf eine Antwort zu finden in Zeiten, in denen alles rundläuft. In der Krise, wenn Schicksalsschläge uns treffen und sicher Geglaubtes ins Wanken gerät, werden wir im Kern unserer Identität geprüft. Wir verlieren leicht den Boden unter den Füssen, auch unseren inneren Boden, in dem wir uns noch bis vor kurzem sicher verwurzelt glaubten. Wer bin ich, wenn alles, worauf ich mich bisher verlassen habe, plötzlich nicht mehr trägt?

Diese Frage mag uns in diesem Moment überraschen. In Wahrheit aber flüstert es unablässig in uns: «Wer bist du? Wer bist du?» Nennen wir «es» unsere innere Stimme, das Geheimnis unseres Lebens, die göttliche Gegenwart in uns, unser wahres Selbst – wie auch immer. Ich denke, diese innere Stimme meint es gut mit uns. Es ist eine Stimme der Liebe, die durch die Höhen und Tiefen unseres Lebens immer wieder in einen inneren Dialog mit uns tritt. Und vielleicht suchen wir sie und können nicht von ihr lassen, weil wir sonst nicht «ganz» sind.

In einem Liebeslied aus der Schweiz heisst es:

«Du fragsch mi, wär i bi,
du fragsch mi, was i cha.
Möchtsch wüsse, gäll,
werum i di nid us den Ouge lah.
I weiss nid, wär i bi,
i weiss nid, was i cha.
Weiss nume-n es zieht mi zue der hi,
i cha nid vo der lah.
Und was i gseh i dir,
das find i ou i mir;
drum lieb i di, drum lieb i mi, damit i ganz cha sii.»[10]

Manchmal helfen Zeiten, in denen wir auf Distanz von alltäglichen Verpflichtungen gehen, diesem inneren Liebesdialog wieder mehr auf die Spur zu kommen. Ein paar Jahre lang war der wöchentliche Besuchstag bei meinen Eltern eine solche Distanzzeit von meinem Alltag. Auch, als sie ihre letzten Jahre im Heim verbrachten. Bei diesen Besuchen wurden mir oft berührende Begegnungen mit den dort lebenden Frauen und Männern geschenkt. Zum Beispiel die Frage «Wissen Sie, wer Sie sind?» Welch wunderbare Frage, die mich ganz unerwartet neu auf den Weg geschickt hat. Ich entdeckte, welche Träume ich meinem Leben noch schulde, um die Person zu werden, die in mir angelegt ist und auf Entfaltung wartet – ein ganzes Leben lang.

Ganz schön (und) traurig

«Machst du immer noch diese traurigen Sachen?», fragte mich ein Freund letzthin. «Wie hältst du das bloss aus, immer wieder Menschen in Tod und Schmerz und Trauer zu begegnen?» Das ist nur die eine Seite der Medaille, möchte ich ihm sagen. Ich erlebe in meiner Arbeit als Trauerbegleiterin und Ritualgestalterin viele berührende Momente voller Liebe, Schönheit und dichtem, intensivem Leben.

Ich denke an das vierjährige Mädchen, das seinem früh verstorbenen Bruder den eigenen Lieblingsschnuller mit ins Grab gab, «damit er nicht so alleine ist».

Oder an den jungen Mann, der seinen plötzlich im Ausland verstorbenen Partner zu Hause aufbahren liess, um noch eine gemeinsame Zeit zum Abschiednehmen zu haben. Als die Bestatter den offenen Sarg im Wohnzimmer hergerichtet hatten, ging er in den Raum hinein, sah seinen Freund dort liegen und meinte voller Zärtlichkeit: «Ich bin so froh, dass er nun da ist. Ist er nicht ein wunderschöner Mann?» Er habe die französischen Chansons nie besonders gemocht, die sein Partner liebend gerne hörte. Aber für dessen Aufbahrung seien sie genau richtig.

Und ich erinnere mich an jenen dichten Moment, als eine sechsköpfige Familie am Vorabend der Beerdigung schweigend zusammensass und miteinander jene Musik hörte, die der eben verunglückte Bruder und Sohn so gerne hatte und die an der Feier am nächsten Tag gespielt werden würde.

Und an den 85-jährigen Mann, der 80 Rosen an der Trauerfeier haben wollte, weil seine grosse Liebe doch im gleichen Jahr 80 Jahre alt geworden wäre.

«Trauer ist wie die Liebe», sagte der Bestatter Fritz Roth einmal, «sie braucht Zeit, Ausdruck und Erlaubnis.» Manchmal brauchen wir Vorbilder und Ideen, was alles möglich ist, um diese kostbare Zeit des Abschieds bewusst und liebevoll zu gestalten. Meistens braucht es Aussenstehende, die in der Abschiedsfeier den Rahmen halten und Trauernde sorgsam begleiten.

Im sorgfältigen Abschiednehmen liegt Schönheit, Liebe und Lebenskraft. Während einer Trauerfeier flüsterte mir der Bruder des Verstorbenen zu: «J'ai tellement pleuré, maintenant j'ai envie de rire – Jetzt habe ich so fest geweint, dass ich nun einfach lachen möchte.» Er hat intuitiv gespürt: Trauer hat eine Zwillingsschwester, und das ist die Freude!

Liebe und Freude als Begleiterinnen der Trauer zu erfahren, nährt auch mich als Begleiterin und macht mein Tun für mich so unglaublich kostbar und wertvoll. Und deshalb «mache» ich «so traurige Sachen». Weil der Ausdruck der Liebe zu den Verstorbenen ganz schön und traurig sein darf. Eben ganz schön traurig. Und beides weitet und wärmt das Herz.

Die Energie des Betens

Vor einigen Wochen hatte eine Kollegin eine heftige Auseinandersetzung mit einem Menschen, der ihr sehr nahe stand. Sie war dermassen aufgewühlt, dass sie sich nicht mehr zu helfen wusste. Es war ihr unvorstellbar, wie sie in dieser Verfassung das Seminar leiten sollte, das in wenigen Stunden beginnen sollte.

Völlig unerwartet erreichte sie wenige Minuten später die Nachricht einer Freundin. Diese konnte nicht ahnen, wie verstört unsere Kollegin war. Doch sie schrieb: «Ich habe heute bei meinem morgendlichen Meditieren und Beten plötzlich an dich und M. denken müssen. Ihr wart umfangen von einem warmen, goldenen Licht.» Diese wenigen Worte bewirkten, dass unsere Kollegin ihre Augen heben konnte, weg vom Abgrund, an den sie innerlich geraten war. Sie fühlte augenblicklich, wie sich in ihr etwas zu wandeln begann, von der Verzweiflung hin zu neuem Vertrauen und neuer Zuversicht.

Allmählich konnte sie sich für eine erneute Begegnung öffnen und den Konflikt so weit bereinigen, dass sie vier Stunden später kraftvoll und zentriert ins Seminar gehen konnte.

Welche Energie senden wir aus, wenn wir beten? Was geschieht mit mir, wenn ich bete, oder wenn ich weiss, dass andere für mich beten? Wir haben dazu wertvolle Anregungen von Thich Nhat Hanh erhalten, dem grossen Lehrer der Achtsamkeit:

«Wenn wir Mitgefühl praktizieren, wenn wir meditieren und uns auf unser Mitgefühl ausrichten, dann praktizieren wir Liebe. Diese Energieübertragung ist eine Art Gebet. ... Wenn unser Herz voller Liebe ist, dann bringen wir auch mehr Liebe, Frieden und Glück in die Welt. Wenn wir die Energie der Liebe und des Mitgefühls einer anderen Person zukommen lassen, dann ist es nicht wichtig, ob diese Person weiß, dass wir das tun. Wichtig ist, dass die Energie da ist, dass ein Herz voll Liebe da ist und dies in die Welt hinausgetragen wird. Wenn Liebe und Mitgefühl in uns präsent sind und wir sie nach außen geben, dann ist das ein wirkliches Gebet. Wenn wir Liebe geben, dann werden wir vielleicht auch eine Änderung in unserem eigenen Herzen spüren können. Dieses Gebet beginnt dann, in uns selbst etwas zu bewirken.»[11]

Dass die Energie des Betens ausstrahlt und Menschen erreicht, selbst wenn sie es nicht wissen, ist sehr tröstlich. Das Erlebnis unserer Kollegin lehrt mich zudem, wie kraftvoll und bestärkend es sein kann, wenn mir ein Gebet von einem Menschen zugesprochen und auch mitgeteilt wird. Dies will ich mir zu Herzen nehmen und entschiedener sein in meinem Beten. Und gelegentlich auch mutiger, es Menschen direkt zu sagen, dass ich für sie bete. Denn auch so können wir uns unterstützen in Krisenzeiten.

Momentaufnahme

gemittet
aufrichtig da
stehen
einfach
empfinden
meinen Schmerz
meine Kraft –
und dann
das Notwendige
tun.

Antoinette Brem

Aschermittwoch anders gedacht

«Gedenke Mensch, dass du Staub bist und wieder zu Staub wirst.» Wir fragten die Teilnehmerinnen eines Shibashi Qi Gong Weiterbildungstages, was diese Worte bei ihnen auslösen, wie sie sich körperlich und seelisch anfühlen. Die Antworten waren vielfältig: Einige empfanden diese Aussage als niederdrückend, sie mache klein, sei deprimierend, ja fast lebensfeindlich. Eine Frau fand hingegen: «Mich entlasten diese Worte des Aschermittwochsritus. Obwohl ich nicht persönlich angesprochen bin, bin ich Teil der Gemeinschaft und hineingenommen in das Schicksal aller Lebendigen. Ich gehöre einfach dazu und kann nicht herausfallen aus dieser Verbundenheit. Das ist für mich sehr tröstlich.»

Eine Frau aus dem Oberwallis erinnerte sich an einen heilsamen Aspekt der Asche zu Beginn der 40-tägigen Fastenzeit: Sie denkt an die Wacholder-Palmzweige, die das Jahr über im Haus, auf dem Feld und beim Reisen Schutz bieten sollen, weil sie alles Negative, Schwere und Bedrohliche aufnehmen. Am Aschermittwoch wird dann all das Belastende des vergangenen Jahres gemeinsam mit den Zweigen dem Feuer übergeben und verbrannt. So sei auch das Schwere vergänglich und dieses Loslassen des vergangenen Leides sehr heilsam und tröstlich.

Ein so einfaches Ritual, ein «Frühlingsputz» für Herz und Seele täte uns allen gut, fand der Kreis. Ein Ritual, mit dessen Hilfe wir alles Dunkle und Schwere überlassen und hinter uns lassen. So kann alles Überflüssige, der Streit, die Missgunst, die Vorurteile, der Groll, die Bitterkeit und die Ängste abfallen, die uns innerlich eng und klein machen. Im Betrachten, Betrauern und Überlassen, kann etwas in uns «liechter» – leichter und lichter – werden.

Gelingt der Schritt in eine innere Distanz zum Verletzenden und zu unserem Missmut über das Geschehene, entsteht auch wieder Raum und Weite in uns, die uns anders auf uns selbst und andere schauen lässt.

Angesichts unserer ver-rückten Zeit der globalen und lokalen Krisen wird es zur spirituellen und politischen Notwendigkeit, Bewusstsein, Seele, Herz und Denken zu weiten. «Unsere Seelen sind zu klein. Wir leiden an dem, was Thomas [von Aquin] und andere Kleinmut nennen, an einer kleinen Seele, während wir doch alle aus Großherzigkeit da sind. Wir sind da, um eine große Seele zu werden, eine anima magna», schrieb Matthew Fox kurz vor der Jahrtausendwende. «Der Kleinmut liefert sich der Angst und dem Sichzusammenziehen aus. Um nichts anderes geht es beim Fundamentalismus – um zusammengezogene Seelen.»[12]

«Gedenke Mensch, du bist Sternenstaub und Teil des Universums.» Mit dieser Zusage zeichnet eine Kollegin von uns am Aschermittwoch in ihrer Gemeinde den Menschen das Aschenkreuz auf die Stirn. Diese Neuschöpfung faszinierte mich. Auch die Teilnehmerinnen unseres Kurses bestätigten mein Empfinden: Als Sternenstaub bin ich winzig klein angesichts des Kosmos, ein Nichts, ein Zufall. Aber ich bin eingebettet in eine Grösse und Erhabenheit, die mich staunen und strahlen lässt. Die Sterne sind auch in mir und leben in meiner Begrenztheit. Und ich kann nicht herausfallen aus diesem riesigen Wunder des Seins, Werdens und Vergehens.

«Das Bewusstsein meiner Winzigkeit angesichts der Grösse des Kosmos macht mich nicht klein», meinte eine Frau. «Es ist sehr befreiend und lässt mich und meine Probleme in die richtige Grössendimension schrumpfen.» Und vielleicht, so möchte ich ergänzen, schenkt uns dies auch eine neue Leichtigkeit und einen gesunden Humor, wenn wir Menschen uns nicht mehr als Nabel der Welt betrachten.

Lorenz Marti formuliert es poetisch: «Zwischen dem funkelnden Sternenzauber und dem wirbelnden Tanz der Elementarteilchen erscheint die Welt immer wieder überraschend neu und anders. Raum und Zeit werden relativ. Die Materie verschwindet. An die Stelle fester Strukturen und Gesetze treten Möglichkeiten und Wahrscheinlichkeiten. Schwingungen und Beziehungen formen die Wirklichkeit. Die Welt gleicht weniger einer Maschine als vielmehr einem großen Tanz. Und wir tanzen mit.»[13]

Sind wir bereit, festgefahrene Denk- und Handlungsmuster loszulassen und uns heilsam einzubringen in dieses Leben und die Entwicklungen der Welt? Wagen wir den Tanz, der uns verbindet mit Himmel und Erde und mit allem Sein? Herausfallen können wir nicht – aber wesentlich werden umso mehr.

Aschermittwoch

Zeit sich zu erinnern:
der eigenen Vergänglichkeit
und des grossen
«Erde zu Erde, Staub zu Staub»

Wir kehren zurück zu Mutter Erde
aus der wir genommen
aus der wir gekommen
die uns trägt und nährt

Zeit sich zu erinnern:
nichts ist selbstverständlich

kein Moment
kein Atemzug
kein Bissen Brot
kein Schluck Wasser

alles geschenkt
alles geliehen
alles Teil des grossen Alles
welches alles durchatmet

Und wir mittendrin
klein, vergänglich, sterblich

Nichts können wir
halten oder sein
auf ewig

Das letzte Hemd hat keine Taschen
und so gibt es nichts
zu raffen und zu halten
was einst
nicht fliegen kann
mit der Seele
was nicht
geborgen ist
in einem dankbaren Herzen

Gedenke Mensch
Du bist Staub und wirst zu Staub
Du bist Sternenstaub
und Teil des Universums

So sei
und denke
und wirke
weit und leicht
herz- und dankverbunden

Denn
was einzig bleibt
ist die Liebe

Gelebt
im ganz Konkreten
in den Nöten unserer Zeit
im Auftrag jedes Tages
im Umgang mit den Dingen
in jeder Begegnung
im ewig vergänglichen
Jetzt.

Barbara Lehner

Präsent mit Herz und Geist

«Wissen Sie, Frau Lehner, am Tröstlichsten ist, dass Sie mich verstehen!», meinte beim Abschied eine Trauernde, die ihren Mann ganz plötzlich verloren hatte und zum ersten Mal in die Einzelbegleitung kam. Zu Beginn der Stunde wollte sie fast schon wieder gehen, sass auf dem äussersten Rand des Stuhles. Aber dann fasste sie Vertrauen und erzählte von der Ehe und dass es nicht immer einfach gewesen sei. Und am Schluss ging er einfach, ohne ein Abschiedswort, so stumm, wie er oft gewesen war in den vielen Jahren zuvor.

Ich begriff, dass ihre Trauer nicht nur den Tod des Mannes umfasste, sondern auch die Sprachlosigkeit, die sich zwischen ihnen breitgemacht hatte. So gesehen zu werden im eigenen Schmerz und Bedauern, war für die Frau in diesem Moment einfach tröstlich. Ihre Bemerkung am Schluss des Gesprächs war für mich das schönste Kompliment für meine Arbeit.

Trauer will gesehen, akzeptiert und verstanden werden. So kann uns Trost zuwachsen. Nicht in gut gemeinten Rat-schlägen, sondern einfach darin, dass sich jemand die Zeit nimmt und den Mut hat, hinzusehen und zuzuhören. Den Schmerz des anderen Menschen anzuerkennen, ganz präsent zu sein und den Raum zu öffnen für die eigene innere Erkenntnis und Weisheit – das allein ist schon heilsam.

Um Menschen zu begleiten und wirklich Begegnung zu erfahren, braucht es eine besondere Präsenz des Herzens und des Geistes. Das kann erlernt werden. Und ich kann sofort damit beginnen, es einzuüben: Ich bin ganz im Hier und Jetzt, lasse eigene Konzepte und Gedanken sein und versuche, mich vollkommen auf den Moment mit seinen Gaben und Herausforderungen einzulassen. Im Taoismus wird diese Kunst *Wu Wei* genannt. Das Nichttun des Nichtigen, das Tun des Notwendigen.

Es ist die Kunst, wirklich wahrzunehmen und zu sehen, was ist, und – wenn es wichtig ist – mich berühren und bewegen zu lassen, von dem, was Not tut. Bei mir und bei anderen. So wird ein Dialog der Herzen möglich, der bestärkt, nährt und verwandelt.

Die Grundhaltung des *Wu Wei* lädt uns ein, das Leben in der Gegenwart, also «live» zu leben, ohne Linse und innere Trennung durch Gedanken und Meinungen. Wie jene Geschichte es erzählt: Auf einer Rundreise zogen die Reisenden ihre Kameras und fotografierten wie wild an den schönsten und spektakulärsten Orten. Nur einer stand einfach ruhig da, schaute und staunte. Darauf angesprochen, warum er keine Fotos mache: «Ich brauche keine Fotos, die ich dann zu Hause bestaunen kann. Ich schaue mir die Schönheiten lieber gleich hier und jetzt an.»

Eine Reise ins «nackte Nun»

«Ich bin in meinem Zimmer und in meinem Körper gefangen, wie in einer Zelle. Es fühlt sich hier an wie in einem Gefängnis ... oder jedenfalls wie in einem Kloster. Ich kann mir nicht mehr ausweichen und davonlaufen. Und ich will es auch nicht mehr. Ich habe mich entschieden, keine Bücher mehr zu lesen. Ich möchte diese Einschränkung des Lebens als Chance nutzen, als Chance zur Innenschau.» Dies sagte ein älterer Mann zu mir, der durch einen Schlaganfall im Rollstuhl sass und mit mir das Gespräch suchte.

Die Stille und Ruhe, das Nichts (!) tue ihm einfach gut, berichtete er weiter. Die kahlen Wände würden ihn nicht stören, so sei mehr Platz für seine inneren Bilder. Natürlich sei nicht alles schön und tröstlich, was da in ihm aufsteige. Aber schliesslich sei es eine Aufgabe des Alters, nochmals zurückzuschauen und das Ganze in den Blick zu nehmen. Das Schöne und das Bedrückende, das Gelungene wie das Verpasste, die Freuden wie die Leiden.

Mich beeindruckten seine Neugier und sein Mut, sich auf diese innere Reise ins «nackte Nun» einzulassen, um sich selbst und dem göttlichen Geheimnis zu begegnen. «Lass alles Überflüssige los und sinke in deinen Grund», empfiehlt die mystische Tradition. So wächst die Seele, so weiten sich Zeit und Raum.

«Was nährt dabei Ihr Herz?», fragte ich den Mann. «Sicher die Musik», antwortete er. «Die öffnet mir Räume ins Unendliche. Bach beispielsweise lässt mich mit seiner Musik die

Erhabenheit des Ewigen spüren. Ich werde dann ganz klein und gleichzeitig weitet sich in mir eine andere Dimension», berichtet er. «Und die Liebe nährt mein Herz. Jene, die weiter greift als nur zum Nächsten hin. Jene, die in jeder Person den Menschen sieht, die den Kontakt von Herz zu Herz sucht. Wenn mir jemand in dieser Art begegnet und nicht nur den Patienten in mir sieht, dann macht mich das glücklich und der Moment wird ganz dicht.»

Mich erinnern seine Worte an eine mittelalterliche Wegweisung, die unser Herz im Blick auf die Fragen unserer Zeit leiten kann. Sie stammt vom Mystiker Meister Eckhart. Worte mit Ewigkeitswert, die uns mitten hinein ins Hier und Jetzt führen: «Immer ist die wichtigste Stunde die gegenwärtige; immer ist der wichtigste Mensch, der dir gerade gegenübersteht; immer ist die wichtigste Tat die Liebe.»

Irgendwann – Du bist mehr

Irgendwann
wird alles abfallen
was jetzt noch drückt

Sorgen und Schicksal
Schmerzen und Schuld
Ängste und Ärger
Trauer und Hadern
Verzweiflung und Erschöpfung
und das ewige Tun und Planen
und doch nicht
fertig werden.

Irgendwann
wird nichts mehr bleiben
von alledem.

Denn alles ist dann
gelebt.

Und das Gute
das jetzt schon da ist
und unter dem Schweren lauert
wird hervortreten
und dich willkommen heissen
in der neuen alten Welt
der Liebe
des Lichts
des unendlichen Wohlwollens

und dir zuflüstern:
Du bist viel mehr als das
was jetzt gerade drückt.

Du bist
Licht und Liebe
unendliches Wohlwollen
geborgen im ewigen Sein.

Barbara Lehner

«Da ist ein Riss in allem»

Das Lied «Anthem» von Leonard Cohen begleitet mich seit Jahren. Ich liebe es sehr. Im Refrain heißt es: «Läute die Glocken, die noch klingen. / Vergiss deine wohlfeilen Gaben. Da ist ein Riss, ein Riss in allem. Das ist der Spalt, durch den das Licht einfällt.» (Ring the bells that still can ring / Forget your perfect offering / There is a crack, a crack in everything / That's how the light gets in.)

An diese Worte musste ich denken, als ich vor ein paar Tagen eine langjährige Freundin besucht habe. «Ich habe lange gebraucht, bis ich wieder Menschen nahe an mich heranlassen und ihnen Vertrauen schenken konnte», erzählte sie mir. Ihr war in einer Zeit höchster Hilflosigkeit von anderen Menschen übel mitgespielt worden und von den Folgen erholt sie sich nur langsam. «Da ist seither ein Riss in allem, und ich darf manchmal nicht hinschauen, was für Abgründe des Misstrauens sich jenseits des Risses auftun.»

Das höre ich häufig in diesen Tagen. Viele nehmen diesen Riss auch in unserem gesellschaftlichen Zusammenleben wahr. Wir mögen deswegen keine Nachrichten mehr hören, keine Zeitung mehr lesen, kein Gespräch mehr führen über all die Gräuel, welche Menschen einander antun. Wir haben genug von all den Hass-Kommentaren im Internet und dem Geplänkel der politischen Parteien.

Um sich nicht entmutigen zu lassen, braucht es manchmal das bewusste Wegschauen und Weghören. Weil sonst unsere Ängste gefüttert werden und wir nicht mehr richtig schlafen können. Und dann können wir auch nicht mehr richtig wach und wachsam sein. Dieses Wegschauen meint nicht zwangsläufig, die Augen vor der Realität zu verschliessen, im Gegenteil. Es kann auch bedeuten, sich nicht von der Bosheit der Menschen und dem Gräuel dessen, was an Abgründen jenseits des Risses wartet, bestimmen zu lassen. Denn irgendwer profitiert von unseren Ängsten. Und wir selber laufen Gefahr, dabei etwas zu verlieren, was unser menschliches Zusammenleben erst ermöglicht: Vertrauen. Nicht nur in andere, sondern auch in uns selbst und unsere Liebesfähigkeit.

Ich habe meine Freundin gefragt, wie tief dieser Riss und ihr Misstrauen gehe. «Meine Grundwerte tangiert er nicht. Ich werde nicht aufhören, an die Güte des Lebens zu glauben. Ich werde mich weiterhin gegen Bitterkeit entscheiden, nur schon aus Liebe zu mir selber.» Wie recht sie hat! Es liegt auch in unseren Händen, ob wir den Riss des Misstrauens und der Angst vergrössern – oder ob wir den Spalt suchen, durch den Licht einfallen und Hoffnung sich stärken kann.

Entscheidung

Mich entscheiden
für die Liebe
und den Weitblick
im Fluss des Lebens
unseres Zusammenseins.

Verzweiflung und Hoffnungslosigkeit
vorüberziehen lassen
wie die Wellen,
vom Wind bewegt.

Verbunden bleiben
mit dem Lebensgrund unseres Daseins.

Antoinette Brem

Das schöne Herz

Vor ein paar Tagen habe ich einen erstaunlichen Wasserfall oberhalb von Brienz besucht: Mitten im Wald zeigt er sich der Besucherin umgeben von zwei Herzhälften, deren Ränder eingerahmt sind von saftigem Grün. Das Wasser ergiesst sich aus der Mitte des Herzens und stürzt in die Tiefe.

Es hat etwas Faszinierendes und Erhabenes, dieses Wasserfall-Herz. Ich sinniere: Auch unser Herz ist mal überfliessend vor Glück – mal weint es bittere Tränen des Schmerzes ... Und hier, das Wasserfall-Herz: Gibt es Zeugnis von einem nicht versiegenden lebendigen Quell, aus dem sich die Landschaft rundherum nährt und auch unser Herz?

Manchmal ähneln die Menschen, die uns in einer Verlustkrise aufsuchen, diesem Herz aus Fels: voller Furchen und Narben, aber ohne belebenden Wasserfall. Es fliesst nicht, ihre Gefühle sind erstarrt und sie sind wie ausgedörrt. Wenn Leid uns ausmergelt, schreit in uns alles danach, der tränenlos starre Schmerz möge sich mildern und lösen. Intuitiv wissen wir, dass Tränen lebensspendende Kräfte haben und innere Not lindern, denn sie bewirken neues Wachstum und Leben. «Und so erhebt sich aus Seufzern und Tränen die grünende Lebenskraft» (Hildegard von Bingen). Bald weicht sich das Herz auf, der Schwere folgt Erleichterung und nach dem Weinen zieht häufig wieder Freude ein.

Ich musste an eine Geschichte denken, die ich vor langer Zeit gehört habe. Da ist ein junger Mann sehr stolz auf sein Herz, das ohne Fehler und Makel sei. Überall prahlt er damit. Die Menschen beneiden ihn um sein perfektes Herz. Eines Tages begegnet ihm ein alter Mann, der es wagt, ihn herauszufordern: «Mein Herz ist viel schöner als deines.» Und er zeigt ihm und der ihn bewundernden Menge sein vernarbtes, verbrauchtes, jedoch kräftiges Herz. «Wie kannst du behaupten, dein Herz sei schöner als meines, wo das deine so zerschlissen und über und über mit Narben bedeckt ist?», fragt der junge Mann. «Mein Herz ist perfekt und deines ist ein Durcheinander aus Narben und Tränen.»

Der Alte antwortet: «Jede Narbe steht für einen Menschen, dem ich meine Liebe gegeben habe. Ich reiße ein Stück meines Herzens heraus und reiche es meinen Mitmenschen und oft geben sie mir dann ein Stück ihres Herzens, das in die leere Stelle meines Herzens passt. Aber weil die Stücke nicht genau gleich sind, habe ich einige Kanten, die ich sehr schätze, denn sie erinnern mich an die Liebe, die wir teilten. Manchmal habe ich auch ein Stück meines Herzens gegeben, ohne dass mir der Andere ein Stück seines Herzens zurückgegeben hat. Das sind die leeren Furchen. Liebe geben heißt manchmal auch ein Risiko einzugehen. Auch wenn diese Furchen schmerzhaft sind, bleiben sie offen und auch sie erinnern mich an die Liebe, die ich für diese Menschen empfinde. Ich hoffe, dass sie eines Tages zurückkehren und den Platz ausfüllen.»

Da geschieht etwas Überraschendes: Tief berührt nimmt der junge Mann sein perfektes Herz, reisst ein Stück davon heraus und reicht es dem alten Mann, der es dankbar entgegennimmt und dafür einen Platz findet in seinem Herzen. Dann tut er es dem jungen Mann gleich, reisst ein Stück seines vernarbten Herzens heraus und setzt es ins Herz des jungen Mannes, dort, wo vorher ein grosses Loch klaffte. Es passt nicht genau hinein, aber etwas Erstaunliches passiert: sobald das Herzstück des alten Mannes sein junges Herz berührt, strömt eine tiefe Liebe ins Herz des jungen Mannes. Dankbar verabschiedet er sich von dem alten Mann mit den Worten: «Jetzt habe ich die wahre Schönheit erkannt: erst ein gebrauchtes und liebendes Herz ist ein schönes Herz!»[14]

Zugegeben, manchmal wäre es mir auch lieber, mein Herz wäre frei von Narben und Furchen, frei von Schmerz und Trauer. Das wäre doch so viel «schöner»! Aber der Preis der Liebe und des Lebendigseins fordert, dass wir berührbar sind. Und wer berührbar ist, macht sich verletzlich. Durch das Glück werden wir motiviert, alles so zu belassen, wie es ist. Häufig jagen erst Leid und Schmerz uns ins Wachstum. Beides brauchen wir, um innerlich zu reifen. Auch wird gesagt, die Trauer habe eine Zwillingsschwester: die Freude – nicht verwunderlich darum, dass in unseren Trauerseminaren auch viel gelacht wird.

Wie um dies zu bestätigen, führen neben dem Wasserfall-Herz ob Brienz zwei Wege weiter aus der Tiefe in die Höhe, rechts und links: Ich lese die Landschaft und deute den einen Weg symbolisch als Weg des Glücks und der Freudentränen, und den anderen als Weg des Leids und der Trauertränen – und aus ihrer Mitte fliesst das lebensspendende Wasser bis auf den Grund der Seele.

Rückkehr

Geboren
aus dem Licht
staunend dankbar

Geworfen
ins tiefste Kellerverlies

Leise
kraftvoll
die Stimme
der sie gefolgt
zurück ans Licht

Verwundete
Heilerin
aufgerissen vom Leben

Heilsam zurückgerufen
verwurzelt
im göttlichen Urgrund

Antoinette Brem

«Vous êtes tout seule?»

Seit einiger Zeit bin ich im Rahmen einer Auszeit in der Bretagne unterwegs, allein. Diese Freiheit geniesse ich: Sie ist ein kostbares Geschenk und ... eine Aufgabe, eine geistliche Übung. «Dass du das kannst und willst», staunte eine Freundin, als ich ihr von meinen Plänen erzählte. Sie sei noch nie allein unterwegs gewesen und wisse gar nicht, wie sich das anfühle. Das sei doch sicher auch anstrengend. – «Ja, das stimmt», antworte ich. Es ist manchmal anstrengend. Zum einen, weil man ganz auf sich selbst angewiesen ist. Zum anderen, weil man tatsächlich allein am Tisch sitzt und sich als Ausnahme vorkommt in all der Zweisamkeit und Geselligkeit. «Vous êtes tout seule?» – diese Frage kommt mir regelmässig entgegen, wenn ich hier ein Restaurant betrete. Anfangs hat sie mich irritiert. Doch dann hat sie mich gedanklich auf den Weg geschickt.

«Vous êtes tout seule?» Ja, das stimmt. Jeder Mensch ist letztlich allein auf dieser Welt. Und es braucht Mut, sich dann und wann diesem Alleinsein zu stellen und nicht in die Zerstreuung zu fliehen. Die wird uns so mannigfach angeboten, um jene Stimme zu überdecken, die uns heim ruft in den Herzinnenraum. Es braucht die Offenheit, sich der Stille auszusetzen. Es braucht die Weisheit, mit sich selbst Freundschaft zu schliessen. Und es braucht die Kraft, sich selbst auszuhalten. Mit allen Fragen und Gedanken, aller Sehnsucht und Unruhe, mit Langeweile und der Angst, Wichtiges zu verpassen.

Ich erlebe auch mühsame Tage mit mir selbst. Wenn ich mir zu viel werde, wenn die Verletzlichkeit und das Unwohlsein in mir überhandnehmen, dann ziehe ich meine Schuhe und die Regenjacke an und gehe hinaus ins Freie. Und wenn mich auch dort meine Gedanken verfolgen, dann beginne ich, ganz bewusst zu gehen. Schritt für Schritt, nur das ist gerade wichtig und gefordert. Sonst muss ich nichts tun. Und langsam beginnen sich Atemzüge und Schritte zu finden. Langsam wird etwas in mir ruhiger und ich komme an im Augenblick, der nichts anderes fordert, als mein Hiersein und die Offenheit, dem zu begegnen, was mir dann entgegenkommt.

«Sobald wir uns im Haus unseres Herzens niedergelassen haben, beginnen sich immer mehr Türen und Fenster in die Welt zu öffnen.»[15] Im Alleinsein wachsen mein Herz, mein Auge, mein Ohr. Ich komme an «im Haus meines Herzens» und werde zum horchenden Menschen, verbunden mit meinem inneren Resonanzraum. Ich nehme Menschen bewusster wahr, lese die Nachrichten mit betendem Herzen, freue mich unsäglich über ein Lächeln und einen netten Witz ... oder gar ein gutes, kurzes Gespräch. Und wenn die inneren Stimmen zur Ruhe kommen, verfeinert und verstärkt sich die Wahrnehmung. Das Licht wird leuchtender, all-umfassender. Das Rascheln der Blätter, das Rauschen der Wellen wird zum grossen Atmen im Weltinnenraum. Dann bin ich nicht mehr abgesondert, sondern zutiefst verwoben im umfassenden Lebensteppich. Die Wildheit der Felsenküste und die salzige Luft lassen mich auf- und ausatmen und treiben mir ein helles Lachen ins Gesicht. Ich erlebe, wie ich ankomme: in mir, im Augenblick, im grossen Ganzen. Zutiefst glückliche und nährende Momente sind das, in denen sich ein Fenster der Ewigkeit öffnet. Hier findet mein Herz Heimat im Geschenk der Gegenwart und in der letzten Wirklichkeit, die alles umfasst.

«Vacare deo – habitare secum. Ruhe in Gott (oder, wie die benediktinische Tradition übersetzt: beherberge Gott) und wohne in dir.» Mein jahrelanger Leitspruch aus der benediktinischen Tradition hat in dieser Zeit des Alleinseins an Tiefe gewonnen. Und wenn ich nun gefragt werde «Vous êtes tout seule?», dann hätte ich grosse Lust zu antworten: «Mais oui. Je suis tout seule avec moi-même, mon cœur, la beauté de la nature et tous les gens ici en Bretagne – et avec le mystère du monde. Il y a tellement des choses à découvrir!» (Aber ja doch. Ich bin ganz allein mit mir, meinem Herzen, der Schönheit der Natur und der Menschen hier in der Bretagne – und mit dem Geheimnis der Welt. Es gibt so viel zu entdecken!)

Aber ... dann lächle ich einfach, danke innerlich für diese gute Frage und nicke mit einem kaum wahrnehmbaren «oui» und freundlichen Augen.

Wenn der Seelenvogel ruft

«Was ist eigentlich die tiefere Bedeutung des Shibashi Qi Gong-Bildes ‹Fliegende wilde Gänse›?», fragte Simone, eine Kursteilnehmerin einmal in meiner Übungsgruppe. Bevor ich antwortete, fragte ich in die Runde: «Was bedeutet es denn für dich, für euch?» «Freiheit, Leichtigkeit, sich über den manchmal bedrückenden Alltag erheben und die Dinge mit etwas grösserer Distanz betrachten», antworteten die Teilnehmerinnen.

Ich erzählte dann eine Geschichte, die ich vor einigen Jahren einmal als kurzes Filmchen zugeschickt bekommen hatte:

In einem Dorf sind Menschen und Tiere kugelrund. Alle essen, ohne zu überlegen Undefinierbares in sich hinein, manche sind noch mit anderem beschäftigt, mit Arbeiten zum Beispiel. Ein Junge kommt ins Blickfeld, er sitzt mit seiner Familie am Mittagstisch und löffelt lustlos einen Brei. Plötzlich erregt ein munter pfeifender Vogel auf dem Fensterbrett seine Aufmerksamkeit, bevor er auf und davon fliegt.

«So möchte ich auch fliegen können», muss sich der Junge gedacht haben. Denn in der nächsten Szene sehen wir ihn bei seinen durchaus einfallsreichen Versuchen zu fliegen, aber er scheitert immer wieder und landet zuletzt tieftraurig bäuchlings im Schnee. Da ist der Vogel plötzlich wieder da. Auf einem Ast pickt er sich Beeren von einem Strauch – und fliegt wiederum elegant und mit Leichtigkeit davon. Der Junge rappelt sich hoch. Wie der Vogel greift er sich eine Beere, isst sie, offenbar schmeckt sie ihm, ein erstauntes Lächeln huscht über sein Gesicht. Sein Traum vom Fliegen in ein anderes Leben gewinnt neue Nahrung, buchstäblich: Von nun an nährt ihn die Natur, er bastelt sich neue Flügel, wird dabei leichter und leichter. Bald schon sehen die kugelrunden Leute über sich einen der Ihren davonfliegen, seinem Seelenvogel folgend ...

Die Geschichte endet mit einem bedeutsamen Bild: Der Junge liegt in einer wunderschönen Landschaft rücklings auf dem Boden, mit dem Herzen nahe bei Mutter Erde.

Ich schloss die Geschichte mit den Worten: «Der Junge musste ein Wagnis eingehen, einen Kampf kämpfen, um seinem Lebenstraum zu folgen. Er musste bereit sein, anders als alle anderen zu werden. Er musste in Kauf nehmen, auch gehörig auf die Schnauze zu fallen ... Aber er gewinnt dabei sich selbst, er gewinnt den offenen weiten Raum des Himmels und die tragende nährende Kraft der Erde. Hiervon erzählt auch das Shibashi-Bild ‹Fliegende wilde Gänse›...»

Einen Moment lang herrschte Stille. «Da kann ich mich gut drin finden. Eindrücklich ist ja», meldete sich eine der Frauen in der Übungsgruppe zu Wort, «dass dem befreienden Wildgans-Bild in der Abfolge ein konfrontativ-kämpferisches Bild vorausgeht: ‹Ein Drache steigt aus dem Meer auf›. – Dem Befreienden geht häufig eine Anstrengung, ein Kampf voraus. Aber es folgt nachher etwas anderes ...» So habe sie es auch erlebt in einer schwierigen Lebensphase. Diese sei ihr vorgekommen wie der Kampf mit dem Drachen, der aus der Tiefe aufgestiegen sei. Im Wissen um die spielerisch in die Lüfte schwebenden ‹Wildgänse› habe sie die Konfrontation mit dem ‹Drachen› besser ertragen können.

Ja, manchmal gibt es kein Ausweichen. Wie gut, wenn wir uns in solchen Zeiten an Worte mit Ewigkeitscharakter erinnern können.

«Hope is the thing with feathers
That perches in the soul
And sings the tune without the words
And never stops at all»

Ermutigungsworte wie diese von Emily Dickinson von der Hoffnung als Federding erinnern uns an unseren Seelenvogel, der niemals müde wird, uns Weisen zu singen, die ins Leben rufen.

Der Lehrmeisterin Natur vertrauen

Mein Vater liebte Ginkgo-Bäume. Wenn ich ihn nach den Gründen fragte, erwähnte er mal ihre Heilkraft, mal ihre Widerstandsfähigkeit – immerhin können sie Temperaturen von über 20 Grad minus überleben und gehören zu den ältesten Bäumen der Welt. Auch die Geschichte des Ginkgo-Baumes bei einem Tempel in Hiroshima pflegte mein Vater zu erzählen: Als die USA 1945 die Atombombe abgeworfen haben, wurde die Stadt vollständig zerstört, über 100 000 Menschen starben auf einen Schlag, nichts als Verwüstung und verbrannte Erde blieb zurück. Wie könnte hier je wieder Leben erwachen? – Ein halbes Jahr später trieb als erste Pflanze ein Ginkgo-Baum aus – die Menschen schöpften neue Hoffnung, dass auch ihr Leben weitergehen würde.

Die Natur war die wichtigste Lehrmeisterin meines Vaters. Ich liebte es, mit ihm «über Feld» zu gehen. Das war häufig eine eher schweigsame Sache. Aber manchmal ergaben sich Gespräche mit Ewigkeitscharakter, mehrere Male haben wir über das Sterben und den Tod gesprochen, denn in der Natur trifft man noch und noch auf Spuren der Vergänglichkeit und des Neuwerdens. «Wenn jedes Tier weiss, wann seine Zeit zum Sterben gekommen ist», meinte mein Vater auf einem unserer Spaziergänge, «kann es doch nicht sein, dass wir Menschen es nicht auch spüren, wenn es bei uns selber soweit ist.»

Anfang 2015 war es bei meinem Vater soweit. Sein Lebenslicht wurde spürbar schwächer, er zog sich ganz in sein Zimmer zurück und irgendwann in diesen Tagen wurde uns allen klar, dass er sich aufs Sterben vorbereitete. Er war einige Jahre davor an Demenz erkrankt. Am Ende seines Lebens hatte er die kognitive Erinnerung verloren und konnte sich über Worte schon länger nicht mehr mitteilen. Es war genauso, wie er immer gesagt hatte: Er musste gespürt haben, dass seine Zeit gekommen war. Etwas in ihm wusste, wie das geht mit dem Sterben. Und dieses Wissen lag jenseits mentaler Fähigkeiten. Das Herz wird eben nicht dement. Er konnte sich dem Sterbeprozess voller Vertrauen hingeben. Wie ein Baum im Herbst, der weiss, wann es Zeit ist, seine Blätter loszulassen. Zusammen mit unserer Mutter durften meine Geschwister und ich ihn in seinen letzten Tagen begleiten. Mein Vater ist in einer grossen Ruhe, in tiefem Frieden und ganz unspektakulär gestorben. Er hat einfach aufgehört zu atmen, als seine Zeit gekommen war.

Die Art, wie er gestorben ist, brachte mich nochmals auf sehr eindrückliche Weise in Berührung mit seiner tiefen Naturverbundenheit. Er war kein «Naturromantiker». Als Bauer hat er häufig miterleben müssen, wie Hagel, Frost oder Stürme die Arbeit von Monaten in wenigen Stunden zunichte machen konnten. Der Tod, dieser grosse Umwandler, hat ihm keine Angst gemacht. Mein Vater sah uns Menschen immer als Teil der Natur und dementsprechend in ihre Gesetzmässigkeiten eingebunden.

«Die Natur kennt das grosse Geheimnis», schrieb der französische Schriftsteller Victor Hugo, «und lächelt». Diese Wahrheit war meinem Vater vertraut. Wie tief sein Vertrauen in die natürlichen Abläufe des Lebens selbst im Sterben war, habe ich erst in seinem Sterbeprozess zu erahnen begonnen. Er hat mir damit in seinen letzten Lebensstunden ein kostbares Geschenk gemacht.

Wer bist du

Wer bist du
Licht,
das in mir wachsen will
und mit mir
Dunkelheiten durchschreitet
und Nächte durchwacht?

Wer bist du
Raum,
der mein Sein umfasst
und mich selbst in Verlassenheit
geborgen hält?

Wer bist du
Mut,
der mich wachsen lässt,
selbst im Unvollkommenen
Schmerzhaften

Reifen sollst Du in mir
und strahlen
über mich hinaus
und werden
jetzt
und in der Stunde meines Todes.

Barbara Lehner

Von der Kunst, sich selbst zu unterbrechen

Ich sitze auf einem Bootssteg. Unter mir gluckst das Wasser, das Lichtspiel der Wellen verzaubert mich. Eben noch war ich auf dem «Weg der Stille» unterwegs, einem Pfad mit Gedankenimpulsen auf der Isola San Giulio. Die Anregungen, die mich durch die engen Gassen begleiteten, waren gut formuliert. Doch es wollte nicht so richtig funktionieren mit der Stille. Schnatternde Touristengruppen und mein Ärger über ihre Unbelehrbarkeit verwehrten mir den Zugang zur inneren Einkehr. Um mich zu retten, tauchte ich ab in eine der Seitengassen, die mir den Geruch des Wassers und das Klatschen der Wellen entgegentrugen. Und jetzt sitze ich hier, auf diesem Bootssteg und lausche und staune.

Manchmal müssen wir wirklich abtauchen. Dann brauchen wir den Mut, den Hauptpfad des Tages mit seinen Verpflichtungen, Plänen und vorformulierten Gedanken zu verlassen. Wir brauchen diese Oasen jenseits aller Zeit, aller Pläne und Aufgaben. Momente, in denen wir alles um uns herum vergessen und uns einlassen auf das, was uns gerade begegnet.

Jede Spiritualität lebt von der Kunst der Unterbrechung, die es ermöglicht, sich neu auf das Leben einzulassen. Dorothee Sölles Aktualisierung des Sabbatgebots spricht davon, wenn sie umdeutend sagt:

«Du sollst dich selbst unterbrechen /
Zwischen Arbeiten und Konsumieren
soll Stille sein und Freude,

zwischen Aufräumen und Vorbereiten
sollst du es in dir singen hören,
Gottes altes Lied von den sechs Tagen
und dem einen,
der anders ist.
Zwischen Wegschaffen und Vorplanen
sollst du dich erinnern an
diesen ersten Morgen,
deinen und aller Anfang,
als die Sonne aufging ohne Zweck
und du nicht berechnet wurdest
in der Zeit,
die niemandem gehört
außer dem Ewigen.»[16]

Wer zeitweilig aussteigt aus dem Fluss des Tages, der Zeit, der Aufgaben, schenkt sich neuen Atemraum und die Möglichkeit, sich neu zu verbinden: mit dem Grund, der trägt, und mit dem innersten Raum, der Heimat und neue Kraft schenkt.

Auch Trauernde brauchen Inseln der Unterbrechung. Nicht immer sind es die Natur oder die Meditation, die helfen, aus dem Alltag auszusteigen. Manchmal ermöglicht auch ein Tun Zugang zu diesem Raum.

Einmal fragte ich einen trauernden Ehemann und Vater, der allein den Familienalltag meistert und seine Tochter im Abschiednehmen von der schwerstkranken Mutter unterstützt, ob er auch Zeiten für sich habe, um all dies zu verarbeiten. Scheu erzählte er, dass er beim Puzzeln mit der Tochter bemerkt habe, wie gut ihm dies tue. Als sich der Zustand seiner Frau verschlechterte und klar wurde, dass sie sterben würde, habe er sich ein besonders schweres Puzzle gekauft. Daran knoble er nun jeweils eine gute Stunde vor dem Einschlafen. Diese Zeit, in der er sich ganz auf diese Rätselaufgabe konzentriere, sei für ihn die einzige Zeit im Tagesablauf ohne Grübeln, Sorgen und Ängste. Da denke er nur an diese Aufgabe und an sonst gar nichts. Ob dies nicht komisch sei, fragte er mich. Ich verneinte und staunte über die Weisheit seiner See-le: In einer Zeit, in der seine Welt durch den nahenden Tod seiner Partnerin und der Mutter seiner Tochter Stück für Stück auseinanderbricht, schafft er symbolisch etwas Neues, indem er Puzzleteil um Puzzleteil ein neues Bild zusammenfügt.

In den kleinen Auszeiten unseres Alltags fügen sich die Dinge oft neu zusammen. Wir lernen einen neuen Blick und schär-fen die Sinne.

Auch ich kehre verändert aus der Seitengasse zurück und kann die Impulse auf dem «Weg der Stille» jetzt dankbar auf-nehmen. Sie sprechen mich nun an, weil in mir horchender Herzraum gewachsen ist.

Ins Lauschen eintauchen

Im Februar durfte ich auf Einladung der School of Lost Borders in Kalifornien mit acht Frauen und zwei Männern in den Weiten des Death Valley an einem Naturretreat teilnehmen. Nach unserer viertägigen Solozeit sassen wir im Kreis zusammen und erzählten uns, was wir erlebt hatten. Jedem standen 20 Minuten Redezeit zur Verfügung. Michael, der sich nach einer Krebserkrankung von diversen Chemotherapien erholte, erzählte, dass er die meiste Zeit einfach nur dagesessen sei und gelauscht habe. Gelauscht auf die Geräusche der Natur und in die Stille hinein, wenn der Wind nachliess. Und noch viel mehr auf das, was er im letzten Jahr durchgemacht hatte und was es ihm für sein weiteres Leben sagen wollte.

Er lud uns ein: «Share my silence and listen to my experience.» Dann schwieg er. Langsam ging sein Blick in die Runde, immer wieder, 15 Minuten lang. Und wir sassen da und lauschten. Heilige Momente, gehalten in heilsamem Schweigen. Gehalten auch im Mysterium dessen, was mit uns geschieht, wenn wir von der Realität des Todes berührt werden. Da stockt uns manchmal der Atem und jedes Wort kann zu viel sein. Zu gross, zu mächtig ist diese Erfahrung, die Worte zu klein.

«Es heißt sie zu belauschen», rät uns Rose Ausländer in ihrem Gedicht «Lauschen»:[17]

Es heißt / zwischen den Zeilen / das Unsagbare sagen // Sonne Sterne und Traum / erzählen / was vor deiner Geburt / geschah / was nach deinem Tod sich / ereignen wird // Es heißt / sie zu belauschen //

Im Laufe unseres Lebens sterben wir tausend Tode und gehen ebenso viele Male neu hervor. Wir könnten also alle Expertinnen und Experten im Umgang mit Werden und Vergehen sein. Das vergessen wir leider immer wieder. Ungern setzen wir uns der Tatsache aus, dass wir nicht alles kontrollieren können. Wir wollen zügig darüber hinweggehen, die Lücke schliessen. Michael hat uns seine Lücke zugemutet, indem er sich uns schweigend anvertraute. Schweigen heißt auch, die Lücke aushalten lernen.

Wir alle sind seit unserer Geburt vertraut mit dem Wandel der Jahreszeiten, mit dem Zyklus von Werden, Sein, Vergehen und Neuwerden. Jedes Jahr, besonders im Frühling, erleben wir es in der Natur: die Kraft des Neubeginns greift mächtig und unaufhaltsam um sich. Manchmal erfährt die Energie des Lebens das Sakrament des Todes wie ein Schock: Ein naher Mensch stirbt. Ein Unfall ereignet sich, den wir nur wie durch ein Wunder überleben. Oder wir werden, wie Michael, mit einer potenziell todbringenden Diagnose konfrontiert. Dann können wir nicht mehr anders, als hinsehen und hinfühlen. Das verändert uns, wir werden auf einen neuen Weg geschickt. Wenn sich der Schock lösen kann, schauen viele Menschen wie neu auf ihr Leben. Sie überdenken einiges, sinken tief in ihren eigenen Grund und ersehnen, dass sich das Wunder ereignet und sich der Schrecken des Todes in eine neue Schöpfung wandelt.

Diese Transformation können wir nicht beschleunigen. Wir können ihr nur erlauben, sich in ihrer ganz eigenen Zeit zu entfalten. Und wir können sie ‹belauschen›. Vielleicht nutzen wir die alljährlich wiederkehrenden Ostertage, um tiefer in diese lauschende Haltung einzutauchen. Mir ist seit einigen Jahren der Karsamstag lieb geworden, weil er wohltuend unspektakulär erscheint nach dem tieftraurigen Karfreitagsgeschehen und den himmelhochjauchzenden Freudengesängen an Ostern. Manchmal braucht es ein Ausruhen von den intensiven Gefühlen, ob Trauer oder Freude. Es ist der Tag der Lücke, des «in between», des Dazwischenseins, des Hinabsteigens «in das Reich des Todes.» Ein Ausruhen und Kraftsammeln im Übergang zur Möglichkeit des Neubeginns, zur Auferstehung. Ein Aushalten auf dem Lebensgrund in der Tiefe unseres Seins. Von dort aus können wir dem neuen Leben kraftvoll entgegenwachsen. So wie Michael es in der Stille der Wüste getan hat.

Der lange Weg

Der lange Weg
durch den Schlamm
der eigenen Verstrickungen

Ein Gang
durch dunkle Täler
voller Dämonen

Dort mit dir selber gehen
und aushalten
dass niemand je alles
kennen kann
niemand je ganz
sehen wird
niemand je voll
verstehen wird

außer du und DU
geborgen
im heiligen Raum
der nur dir gehört
zu dem nur du
ganz gehörst

jederzeit
und
immer schon

Antoinette Brem

Leidenschaftliches Mitgefühl

Glück ist mein Grundgefühl. Was klingt bei Ihnen an mit diesem Satz? Weckt er Irritation, berührt er Ihre Sehnsucht, provoziert er zum Widerspruch oder identifizieren Sie sich auf Anhieb mit ihm? Mich hat er neugierig gemacht. Die mit 73 Jahren im April 2003 verstorbene deutsche Theologin Dorothee Sölle hat in ihrem allerletzten Vortrag erwähnt, das Glück trage sie wie ein Wind, der ihr Flügel wachsen lasse. Wer Dorothee Sölle kennt, erahnt ein Verständnis von Glück, das freilich nichts gemeinsam hat mit jener satten schläfrigen Zufriedenheit, mit der das Glück oft verwechselt wird. Der Gegenwartsmensch huldige allzu oft dem Ideal einer Wohlfühlgesellschaft, in der man dem Schmerz ausweichen wolle. Stattdessen wählte Sölle den Weg des leidenschaftlichen Mitgefühls. Sie ermutigt, der Bedrohung und Zerstörung von Leben zu widerstehen. Dorothee Sölle war eine Mystikerin mit politisch wachem Sinn, eine Friedensaktivistin der ersten Stunde, die sich das Leiden der Menschen zu Herzen gehen liess und ihre Stimme zu erheben wagte, wenn andere schon lange geschwiegen haben. Ihr Verständnis von Glück hat mich als junge Theologin auf den Weg geschickt. Doch wirklich wachgerüttelt haben mich Schlüsselerlebnisse, die für mich zu Augenöffnern wurden. Zutreffender ist allerdings, dass sie mir nicht nur die Augen, sondern vor allem das Herz geöffnet haben.

Ein solches Erlebnis geht zurück auf das Jahr 1991. Damals hielt ich mich für einige Wochen in den Philippinen auf. In einer kleinen Gruppe – Barbara war dabei, ein weiterer Schweizer und drei philippinische Begleiterinnen – besuchten wir eine christliche Basisgemeinde auf der Insel Negros. Nach dreistündigem Marsch kam unser Ziel, das kleine Bergdorf Bais, in Sicht. Wir passierten einen Stützpunkt der philippinschen Armee. Später erfuhren wir, dass das Dorf sechs Monate zuvor von der Armee bombardiert wurde, die Bananenpflanzungen zerstört und einige Dorfbewohner gefoltert worden waren, darunter auch Frauen und Kinder. Armee und Guerilla lieferten sich einen Kleinkrieg, dem vor allem unschuldige Menschen zum Opfer fielen. Die Leute baten uns vor dem Gottesdienst, keine Lieder zu singen, die Wörter wie «Frieden» oder «Gerechtigkeit» enthielten, da dies verdächtig sei.

Wir übernachteten in einer Bambushütte. In dieser Nacht machte ich kein Auge zu. Ich hatte Angst. Die Geschichten von Folter und sinnloser Zerstörung gingen mir zu Herzen.

Am nächsten Morgen erschütterte mich die Einsicht, dass die Menschen an diesem Ort keine Wahl hatten: Sie waren seit Monaten derselben Angst ausgesetzt – und mussten bleiben. Ich konnte wieder gehen.

Dieser Besuch hinterließ tiefe Spuren in mir. Er ist noch heute eine wesentliche Quelle meiner Motivation für die Arbeit, die ich tue. Noch immer empfinde ich für die Menschen in Bais *compassion*, tiefes leidenschaftliches Mitgefühl. Bais ist überall auf der Welt, hat unterschiedliche Ausprägungen. Es ist in New York, in Beirut und in Afghanistan. Die Frage ist, ob ich mir gestatte, Verbundenheit zu leben. Für mich ist das Gefühl des Verbundenseins ein Schlüssel gegen die Ohnmacht und gleichzeitig ein Schlüssel zu Glücksmomenten mitten im Unglück. Und das meint, mich von der Freude und dem Leid der Menschen, der Schöpfung betreffen lassen. Es mir zu Herzen gehen lassen. Das versuche ich auch, wenn ich sonst scheinbar nichts weiter tun kann. Hier fühle ich mich Dorothee Sölles Verständnis von Glück ganz nah.

So wird Glück zu einer Haltung, die schöpferisch offen bleibt zwischen Ohnmachtsgefühlen («Ich kann ja doch nichts tun») und Allmachtsfantasien («Ich muss die Welt retten»). Eine Haltung, die das Leben in seiner ganzen Fülle zu umarmen vermag – und so zum Segen wird.

Segen

Mögest du weitergehen
die Saat der Gerechtigkeit säen
edle Visionen nähren
sanfte Weisheit ernten.

Mögen Geduld und Leidenschaft
dein Samenkorn sein.
Mögen Gottes gute Gaben
deine Hände reichlich füllen.

Mögen in dir sich verbinden
Dankbarkeit und Mut.
Möge durch dich geteilt werden
das Brot des Heiles.
Amen

Antoinette Brem[18]

Selbst auf den Weg geschickt

Manchmal holt auch uns das Leben so ein, dass alles, was wir bis dahin gedacht und geplant haben, unpassend und überholt erscheint. Wir sind sprachlos, weil Sprachlosigkeit noch die beste Antwort ist auf das, was gerade geschieht. Zwei Mal im selben Jahr hat uns das Leben auf diese Weise eingeholt und erschüttert. Mit dem Tod in zwei völlig verschiedenen Gesichtern.

Im Juni starb Antoinettes Mutter einen sanften, friedlichen Tod in Würde und Schönheit. Mit fast 86 starb sie nach einem langen Leben in unserem Beisein an den Folgen ihrer Parkinsonerkrankung. Wir fühlten uns beschenkt durch die Erfahrung dieses geheimnisvollen Übergangs, der so stimmig und folgerichtig war. Mitzuerleben, mit welcher Leichtigkeit sie ihr eigenes Leben aushauchte und wie federleicht sie ging, hat uns sehr berührt und ins staunende Schweigen geführt.

Der plötzliche Tod unseres Neffen Timo am 2. November hat uns aus der Bahn geworfen. Als seine Mutter, Barbaras Schwester Felizitas, ihn morgens wecken wollte, fand sie ihn tot im Bett. Die Kopfschmerzen in den Wochen davor wiesen auf einen epileptischen Anfall hin – den ersten und leider tödlichen, der ihn aus diesem Leben riss, bevor er sein 16. Lebensjahr erreichen konnte. Schmerz und Schock um sein viel zu frühes und völlig unerwartetes Sterben sitzen uns seither in den Knochen, im Herzen und in den Sinnen.

Das grosse Warum bringt uns nicht weiter. Wir geben es dem Geheimnis anheim – eine Erfahrung, die wir mit vielen

Menschen teilen, die wir begleiten in ihren Verlusterfahrungen. Timos Tod schickt uns alle, die wir ihn lieben, auf den Weg. Er schreckt uns auf, weil er schmerzlich daran erinnert, dass nichts selbstverständlich ist und dass sich das Leben von einer Stunde auf die andere um 180 Grad drehen kann. In den Momenten, in denen wir zutiefst berührt werden von dem, was gerade geschieht, gibt es oft keine Worte mehr für das Grosse, das sich ereignet. Wir werden vom Erleben nach Innen gerufen, ins Horchen, ins Nachklingen, in eine ganz andere Wahrnehmung des Alltags, in einen heiligen Raum, der immer da ist. Wir werden verletzlicher, fragender, klarer. Und wählerischer auf der Suche nach dem, was nun trägt und hält und was dem Schmerz standhält.

Das Erleben ist vielschichtiger als zunächst gedacht. Da ist dieses wunde Tier, welches jede Begegnung scheut. Und da ist diese kraftvolle Heldin und demütige Sucherin, die den Weg tapfer unter die Füsse nimmt. Das Herz ist aufgerissen und aufgeweicht in beiden Polen: in der Schönheit und im Schrecken, im inneren Wissen und im Nicht-glauben-Wollen, im Überleben im Alltag und im Getragensein in innerer Tiefe und in der Gemeinschaft, die tröstlich da ist. Oder wie Antje Sabine Naegeli es formuliert hat: «Gesegnet die Widersprüche gegen das Dunkel in der Welt: Da ist der Kummer, aber da ist auch der Trost. Da ist die Angst, aber da ist auch der Mut. Da ist das Grau, aber da sind auch die Farben. Da ist das Welken, aber da ist auch das Blühen. Da ist das Scheitern, aber da ist auch das Gelingen. Da ist die Düsternis, aber da ist auch das Licht.»[19]

Vom Leben mit dem schwarzen Loch

«Geht es dir inzwischen besser?» Diese gutgemeinte Frage entlockt mir ein müdes Lächeln. Um Timo zu trauern, ihn zu vermissen und zu realisieren, dass er nie mehr wiederkommt, ist mehr als eine Grippe. Es ist harte Arbeit. Den Schmerz der endgültigen Trennung zu spüren und sich damit zu versöhnen, dass Timo nie mehr mit uns am Tisch sitzen wird und dass wir nicht miterleben können, wie er seine Talente entfaltet als erwachsener Mensch ... all das ist keine Krankheit, die man nach ein paar Tagen, Wochen oder Monaten überstanden hat.

Mit dem Tod eines Menschen zu leben, heißt zu lernen, mit einer Lücke zu leben, die sich nie mehr schliessen wird. Die immer wieder – manchmal völlig unerwartet im täglichen Tun und manchmal an besonderen Tagen – schmerzen wird und dich aus der Bahn wirft.

Zu Beginn und besonders im ersten Trauerjahr kannst du den Verlust zeitweise wegdrücken und vergessen. Es fühlt sich an, als ob der Mensch eine Zeitlang auf Reisen ist. Du denkst: «Ach, irgendwann kommt er wieder und steht vor mir.» Du bist geschützt vor diesem Schmerz, der dein Herz aufreisst und bluten lässt.

Es gibt diese Momente der Freiheit vom ständigen Schmerz, in denen etwas in dir aufatmet. Momente, die dir helfen, wieder hineinzuwachsen ins Leben mit seinen Selbstverständlichkeiten. Momente, in denen sich das Schwere, das auf deiner Seele lastet, für eine Weile verflüchtigt. «Beim Skifahren kann ich alles vergessen», sagt mein anderer Neffe. «Das tut mir unheimlich gut. Ich bin in der Natur und etwas in mir atmet auf. Ich richte mich wieder auf das Leben aus. Das gibt mir Kraft, mit dem viel zu frühen Tod meines Bruders weiterzuleben.»

Schönheit ist heilsam, Bewegung in der Natur sowieso. Und es ist gut, dass wir uns diese Momente gönnen. Niemand kann dauernd und 24 Stunden am Tag trauern. Die Seele muss wieder aufatmen können. Und sei es nur für ein paar Minuten oder Stunden.

In der Trauerbegleitung brauchen wir ein Bild für die Perspektive, irgendwann gut mit dem Verlust leben zu können. Am Anfang ist die Trauer um einen geliebten Menschen wie ein grosses schwarzes Loch, das fast den gesamten Lebensraum einnimmt. Du kannst nicht zwei Schritte gehen, ohne dass du über diesen Verlust stolperst und der Schmerz dich wieder ergreift.

Mit der Zeit wächst der Raum rund um diesen Trauerschmerz. Das schwarze Loch ist immer noch da. Es wurde nicht kleiner. Aber es ist wieder Platz für andere Dinge als nur den Tod. Andere Themen haben nun wieder eine Chance, sich in deinem Leben auszubreiten. Doch der Schmerz bleibt und kann dich immer wieder einholen. Was dich dann weitergehen lässt, ist die Gewissheit, dass du auch diese Stunden überstehen kannst, wie du schon viele überstanden hast.

Ob es mir schon besser geht, vier Monate nach Timos plötzlichem Tod? Ich kann es nicht sagen. Ich bin froh, dass wir als Familie einige sehr schwere Stunden und Tage miteinander gut überstanden haben. Ich bin dankbar für meine liebsten Menschen und den Zusammenhalt in unserer Familie. Ich freue mich an guten Gesprächen und an Zeichen der Verbundenheit meines Umfelds. Ich kann wieder einigermassen atmen und habe nicht mehr so körperliche Schmerzen wie in den ersten Wochen nach Timos Tod. Die Verletzlichkeit begleitet mich weiterhin. Die Trauer ist in mir eine Schicht tiefer gesunken.

Sie bricht nicht mehr jeden Moment durch. Aber sie ist da und kann jederzeit hochkommen und mich erfassen.

Das Fehlen wird bleiben, die Verbundenheit auch – weil beides Teil der Liebe ist.

Trauern

ist ein Weg

wir gehen ihn
mutig und verletzlich
Schritt für Schritt

gestern, heute und morgen
sind wir mit deinem Fehlen
unterwegs
und zum Glück
nicht allein

Barbara Lehner

Sich einlassen auf den Tanz des Lebens

«Was hilft dir, wenn grundlegende Entscheidungen anstehen? Wie ahnst du, welcher Schritt der richtige ist?», fragte mich kürzlich eine gute Freundin beim Spazierengehen. Sie beschäftigte die Frage, welche der beiden Arbeitsstellen, die sie in Aussicht hatte, die Richtige für sie sei.

Natürlich kann ich all meine Ressourcen einsetzen, um zu innerer Klarheit zu finden: meinen Verstand im Abwägen von Vor- und Nachteilen, mein Herz im Suchen nach Sinn und innerem Wachstum, meine Intuition, um zu erspüren, wohin es mich zieht und was daraus wachsen und werden kann.

Wenn ich jedoch auf mein Leben sehe und wie es sich entfaltet hat, dann sind da einerseits meine Entscheidungen, die ich getroffen habe. Ich sehe meine Vorlieben, die mich vorantrieben, und meine Abneigungen, die mich von etwas haben weggehen lassen. Doch da sind auch die Situationen und Schicksalsschläge, die mich gezwungen haben, neue Wege zu suchen und zu gehen. Wege, die ich von mir aus nicht gewählt hätte und die mich doch «weiterbrachten». Manchmal taten sich auch Wege im Gehen auf. Oftmals wurde ich in Neues hineingeführt, das dann wichtig und bedeutsam wurde. Staunend erahne ich hier eine Weisheit, die mich durch so vieles hindurchgeführt hat und mich wachsen liess im Schönen und im Schweren.

Im Gespräch mit meiner fragenden Freundin wurde mir bewusst, dass sich angesichts der Brüchigkeit des Lebens – dem Verlust, der immer drohen kann, wenn wir lieben und uns mit

Menschen, Dingen und Orten verbinden – mein Fokus verändert hat. Mehr und mehr erkenne ich, wie ich mein Leben nur leben und gestalten kann, wenn ich mich neben allem Wissen und Entscheiden auch führen lasse. Ich erahne, dass neben dem bewussten Ergreifen einer Chance auch das bewusste Lassen – das Loslassen und Zulassen – gefragt ist.

Madeleine Delbrêl hat hierzu einen wunderbaren Text geschrieben, der ermutigt, das Leben als Tanz mit dem Geheimnis zu leben, im Vertrauen, dass alle Schritte darin wichtig und wertvoll sind. Sinngemäss schrieb sie: Lass uns unser Leben leben. Nicht berechnend wie in einem Schachspiel. Nicht angestrengt wie in einem Wettkampf. Nicht kopfzerbrechend wie bei einem Lehrsatz, sondern wie ein endloses Fest. Wo die Begegnung mit dem Geheimnis Leben, Geheimnis Gott immer wieder geschieht wie in einem Tanz zur Musik der alles umfassenden Liebe.[20]

Mit dieser Ermutigung gehe ich weiter im Vertrauen in das Geheimnis der göttlichen Weisheit und lebe mein Leben voller Tanz und Poesie!

Das leise Gewebe erahnen

Manchmal
erahnen wir
das leise Gewebe
unseres Lebens

Von goldenen Fäden
geheimnisvoll
durchwoben
unsere Tage und Nächte
und
unser Suchen und Ringen
unser Werden im Ganzen

Manchmal
gehen uns die Augen auf
staunen wir
ob dem geheimen Plan
und dem grossen Wohlwollen
das unsere Schritte begleitet
und immer neue Wege sucht
um uns zu dem zu führen
was wir im Tiefsten sind
und werden sollen
im grossen Sein

Dann staunen wir
und werden ganz still
Zu gross ist das
was uns führt und werden lässt
Zu gross es zu fassen
Zu gross

Barbara Lehner

Was in der Trauer nährt

Nach einer Woche voller Schmerz, Fassungslosigkeit, Weinen und Abschiednehmen kamen wir müde, traurig und hungrig zu Hause an. Vor unserer Haustür begrüßte uns ein Topf mit Kürbissuppe, ein frischgebackenes Zopfbrot, eine Rose, eine Karte mit einem schwarzen Herz. Darauf stand ein Zitat von Ludwig Kugler:

«Wenn oben nicht mehr oben ist / die Mitte nach aussen gerückt / wenn gute Wünsche wie eine Farce /und ein Sonnentag wie Nebel wirkt. / Wenn nichts mehr ist, /wie es vorher war/ dann wünsche ich dir Menschen, / die wie ein Ring um dich sind, / damit du nicht fällst.»

Dieses Zeichen der Verbundenheit war genau das Richtige im richtigen Moment. Nichts Besseres hätte uns geschehen können als diese feine Suppe, die nährte und erdete. Die uns mit ihrem Duft und ihrer Farbe daran erinnerte, dass es jetzt darum ging, uns auszuruhen, zu stärken und dann weiterzugehen ... zu Hause, mit den Aufgaben, die hier auf uns warteten. Manchmal ist das Herz so schwer, dass man keine Menschen erträgt in der Trauer und keine Kraft hat, etwas Besonderes zu erleben. Es ist dann schon eine Zumutung, auf die gutgemeinte Frage «Wie geht es dir?» antworten zu müssen. Manchmal braucht man einfach das Naheliegende: eine Hand, die hilft, ein freundlicher Blick oder ein bodenständiges Essen, welches nur aufgewärmt werden muss.

Nun verstand ich den jüdischen Brauch der Schiwa besser: Der engste Familienkreis zieht sich nach der Bestattung für eine Woche im Haus des Verstorbenen zum Trauern zurück.

Sie werden von Verwandten und Bekannten besucht. Es werden Geschichten erzählt, es wird kondoliert, gebetet und – gegessen. Die Trauernden kochen in dieser Woche nicht. Sie werden vom Besuch mit Essen «versorgt». Dies gibt den Besuchern die Möglichkeit, etwas Gutes zu tun, und entbindet die Trauernden von ihren alltäglichen Pflichten.

Auch wir hätten diese Zuwendung brauchen können. Eine Woche lang sassen wir im engsten Familienkreis zusammen am Tisch. Formulierten die Todesanzeige, planten die Trauerfeier, besprachen den Lebenslauf und tauschten unsere Gedanken und Gefühle aus. Wir versuchten zu realisieren, was geschehen war. Erlebten die Stationen des Abschieds: der erste Besuch beim Bestatter, die Gedenkfeier an Timos Gymnasium, das gemeinsame erste Realisieren am Sarg. Das vierstündige Entgegennehmen der Beileidsbekundungen beim «Weihwasser geben» im Aufbahrungsraum und die bewegende Trauerfeier im Kreis so vieler Menschen, die auch um ihn trauerten. Wir waren alle zusammen ausserhalb, ausserhalb unseres jeweiligen Alltags, ausserhalb von Zeit und Raum und unter Schock.

Wie sollte man da an so alltägliche Dinge wie Essen denken und Hunger verspüren? Wie sollte man da einkaufen gehen und sich Blicken und Fragen aussetzen?

Ans Kochen war irgendwie nicht zu denken. Oftmals assen wir im Restaurant. Immer wieder waren wir froh um die hausgemachten feinen Würste, das Trockenfleisch sowie Brote, welche nährten. Einmal haben wir uns mit Pellkartoffeln, Käse und Salat etwas Gutes auf den Tisch gezaubert. Ein anderes Mal verhalf die Bestellung bei einem thailändischen Restaurant zu einem warmen, nährenden Essen.

Etwas so Einfaches und Naheliegendes wie liebevoll gekochtes Essen wirkt Wunder. Ist wie ein Stück vom Ring der Verbundenheit, die trägt in schweren Zeiten. So wie es auf der Karte stand, die neben dem Kürbissuppentopf lag, der uns damals zu Hause erwartete.

Was ist die Frage?

Einen stummen Dialog an einer Kirchenmauer in Manila, den ich vor bald 30 Jahren gesehen habe, erinnere ich, als wäre es gestern gewesen. «Christus ist die Antwort», stand da geschrieben. Und mit ungelenker Schrift hatte jemand darunter gekritzelt: «Was ist die Frage?»

Im Rahmen meiner damaligen Tätigkeit als Mitarbeiterin eines christlichen Hilfswerks war ich jedes Jahr in den Philippinen. Mehrtägige Besuche in den Dörfern und Gemeinschaften und die Begegnungen mit den Menschen dort liebte ich ganz besonders.

Beim Besuch einer Basisgemeinde auf der Insel Negros habe ich von meiner Entdeckung an der Kirchenmauer erzählt. Gemeinsam setzten wir den begonnenen Dialog fort. Viele verschiedene Menschen äusserten sich zu den zentralen Fragen ihres Lebens. Um den ganzen Menschen ging es, und um die Situation, in der sie leben: was ihr Leben erschwert, aber auch, wo sie sich entfalten können. Wo sie daran gehindert werden, ihr Leben selber in die Hand zu nehmen. Es ging um ein Dach über dem Kopf, um eine Schale Reis für jede Mahlzeit, um Zugang zu Gesundheitsdiensten und Wasser. Es ging um Landbesitz, um Boden für die, die ihn bebauen. Um Geld und wer das Geld in Händen hält. Um Menschenwürde und darum, dass Pflanzen, Tiere, alle Lebewesen und die ganze Schöpfung miteinander verbunden sind. Es ging um Nahrung für Körper und Geist, aber auch um Nahrung für die Seele. Um Feste feiern ging es, wo die Menschen wesentlich ihre Quellen der Kraft erfahren. Es ging um die Körper von Frauen, Kindern und Männern, die verletzt, ausgebeutet, missbraucht, vergewaltigt werden. Und wie Verletztes Heilung findet. Es ging um menschenwürdiges Leben, um Menschenrechte. Um das Recht, einer Arbeit nachzugehen, die mehr ist als ein schlecht bezahlter Sklavendienst.

Und auf einmal sagte Luz, die sich bis dahin nicht am Gespräch beteiligt hatte: «Ich glaube, dass Christus nicht die Antwort, sondern die Frage ist. Die Antwort, das sind wir.»

Diese überraschende Aussage erinnert mich an ein Gebet aus dem vierten Jahrhundert, das mit den Worten beginnt: «Christus hat keine Hände, nur unsere Hände, um seine Arbeit heute zu tun.» Christus als Frage ist die Aufforderung, uns beherzt umeinander zu kümmern. Was meint dies konkret?

Den Menschen in den Philippinen wird nachgesagt, dass sie anpassungs- und zugleich widerstandsfähig sind. Selbst in unsagbarer Not und angesichts des Todes sind sie im Stande, Feste zu feiern. Was ist ihr Geheimnis? Was hält und trägt sie? Etwas davon habe ich damals durch die weise Bemerkung von Luz besser verstanden.

Später waren Barbara und ich mit elf Frauen aus der Schweiz wieder dort zu Gast. Die Menschen baten uns während eines Gottesdienstes unter freiem Himmel, für sie Bäume zu pflanzen. Sie erklärten: «Dies ist wie Hoffnung pflanzen, Hoffnung, die nährt und ganz konkrete Früchte trägt – dann, wenn ihr längst wieder zurück in die Schweiz gereist seid.» Was geschah hier? Die Menschen machten sich die Kraft der Gemeinschaft zunutze, verwebten ihre Grundbedürfnisse nach Nahrung mit unserem Willen, ein konkretes Zeichen der Solidarität zu setzen. Die Bäume tragen die Namen derer, die sie gepflanzt haben – unsere Namen. So sind wir Teil eines Netzes geworden, das die Menschen im Bergland von Negros durch schwierige Zeiten tragen wird.

Gerade wenn Leben und Tod einander nahekommen, wird uns bewusst, wie wichtig die Weggemeinschaft mit anderen Menschen ist. Vielleicht ist das so, weil die Konfrontation mit unserer Endlichkeit zu gewaltig ist, um sie alleine zu ertragen. Die Kraft der Gemeinschaft ist darum auch zentral in dem, was wir heute tun: Trauernde begleiten und Menschen ermächtigen, diese heilige Arbeit zu tun. Wir bilden gemeinsam eine Seilschaft, welche miteinander auf den Weg durch die Landschaften der Trauer wagt. Wenn Menschen ihre Trauer mit anderen teilen können, wird das Leben nicht etwa noch düsterer und schwerer, sondern im Gegenteil: neue Lebenskraft erwacht. Sie entdecken, dass sie nicht mutterseelenallein bleiben müssen mit ihrem Schmerz. Sie entdecken kreative, schöpferische Wege, mit ihrer Trauer zu gehen und darin neue Lebensfreude zu finden.

Ja, auch für uns ist es so: Christus – oder wem dies lieber ist: das Leben – ist die Frage. Und wir mit unserem Tun oder Lassen sind die Antwort.

Zurück ins Leben

Alles sei bestens und sie könne nun weiterleben wie bisher, meinte der Arzt. Sie habe keine Metastasen. Brustamputation und Chemotherapie waren erfolgreich. Aber sie konnte nicht weiterleben wie bisher. Es fühle sich an, als ob der Tod ihr immer noch auf der Schulter sässe, erzählte Hanna, als sie mich anrief und um ein Heilritual bat. Sie wolle keine Begleitung – nur ein Ritual, das ihr dieses schreckliche Gefühl «wegmache», erklärte sie.

Ich bat Hanna um einige persönliche Vorbereitungen fürs Ritual. Sie sollte ein Lied mitbringen, das ihr Mut schenkt. Eine (Auferstehungs-) Kerze gestalten für ihre Rückkehr ins Leben; in der Natur je ein Symbol für das Leben und ein Symbol für den Tod suchen; und je einen Brief ans Leben und an den Tod schreiben.

Als wir an unserem Zielort im Wald ankamen, säuberten wir zuerst den Platz und stellten im Abstand von vielleicht zehn Metern zwei Schilder aus Papier auf. Auf dem einen stand TOD, auf dem anderen LEBEN. Mit der selbstgestalteten Kerze und den Symbolen für Leben und Tod begannen wir das Ritual. Gemeinsam sangen wir das Hoffnungslied, das Hanna mitgebracht hatte, und baten um Beistand für dieses Heilritual. Dann gingen wir in die Richtung des Blattes mit der Aufschrift TOD. Hanna verspürte wieder ihre Mordswut auf diesen «Spielverderber», der ihr das Leben vermieste. Ich lud sie ein, mit einem Stock auf den Zettel und damit auf den Tod einzuschlagen. Sie tat es mit Energie und Stimme, bis der Zettel völlig zerfetzt war. Ruhig und ganz ausser Atem stand sie da. Ich bestätigte ihren Ausdruck und meinte: «Ja, jetzt war sie da, diese riesige Wut. Gut, dass du sie rauslassen konntest. Du hast gekämpft wie eine Löwin. So wie du in den letzten Wochen und Monaten gekämpft hast, um wieder gesund zu werden. Das war anstrengend, aber auch kraftvoll.» Dann las sie ihren Brief an den Tod vor und verneigte sich vor dieser Zeit, die sie viel gelehrt hatte über das Leben.

Nach einer Weile, in der wir still das Erlebte verklingen liessen, ermutigte ich sie: «Jetzt kommt ein wichtiger Schritt: Bist du bereit, dich langsam und bewusst umzudrehen und dich damit wieder deinem Leben zuzuwenden?» Sie bejahte und drehte sich um. Da kam uns auf einmal eine schwarze Katze entgegen! Ich dachte sofort: «Oh, wie integriere ich nun diese schwarze Katze? Und was kann ich tun, damit sie Hanna nicht als schlechtes Omen erscheint?» Dann sah ich, dass das Tier uns mit hoch erhobenem Schwanz und einem versehrten linken Auge entgegenschritt.

«Schau dir die Katze an. Man kann versehrt und dennoch so lebendig und gutgelaunt unterwegs sein», sagte ich. «Ja», meinte Hanna, «wirklich erstaunlich, dieses Tier! Und weisst du: Bei mir war es auch die linke Brust!»

Ich staunte noch mehr über dieses ungeplante wundersame Zusammentreffen, das die Natur uns gerade bot. Die Katze lief an uns vorbei und wir gingen zum Zettel mit LEBEN, wo mir Hanna ihren Brief ans Leben vorlas und ich ihre Worte bestätigte.

Meine Rolle als Ritualleiterin bestand im Wesentlichen darin, mit Hanna zusammen die passenden Aufgaben zu finden, Möglichkeiten anzubieten, um ihre Emotionen auszudrücken und ihre Schritte und gewonnenen Erkenntnisse zu würdigen. Zudem war es wichtig, das Wunder zu benennen und den energetischen Raum zu halten. Ich war einmal mehr einfach «spirituelle Hebamme», die den Prozess mit Fachwissen und Mitgefühl begleitete und offen war für das, was der Moment bot.

Hanna konnte ohne grosse «Belehrungen» meinerseits selbst Antworten auf ihre Fragen finden. Sie las die Zeichen der Natur und ihrer innenwohnenden Weisheit. Sie durchlebte ihre Themen mithilfe von Symbolhandlungen und gewann überraschende neue Einsichten.

Zwei Wochen später rief sie mich an, um sich zu bedanken. Das Ritual habe ihr enorm gutgetan. Sie könne wieder besser schlafen und verspüre mehr Lebensfreude. Sie denke immer wieder an die schwarze Katze und nehme sie als Vorbild.

Ja, so scheint das Leben zu sein. Es schickt uns erstaunliche Boten, die auftauchen, um uns zum Weitergehen zu ermutigen – selbst mit Wunden und Narben. Damit wir – bestenfalls – «immer versehrter und immer heiler zu uns selbst entlassen werden», wie es in einem Gedicht von Hilde Domin[21] so treffend heisst.

Wie Jakob an der Furt

Wer kennt ihn nicht
den dunklen Engel
die ungelöste Frage
schmerzend und ängstigend

Auf der Schwelle
wartet er auf uns
wenn wir schutzlos und verletzlich
Frieden und Versöhnung
mit dem Unlösbaren suchen

Im nächtlichen Ringen
werden wir gezeichnet

Und die Mutigen ahnen
dass dies noch nicht alles
gewesen ist

und harren aus
bis zum Anbruch des Morgens

wartend auf den Segen
und den neuen, geheimen Namen
der eingeschrieben ist
in eines Grösseren Hand.

Barbara Lehner

Verbunden mit ihnen weiterleben

Irgendwie sind sie da. Immer. Auch dann, wenn wir grade nicht an sie denken. Weil sie zu unserer Geschichte gehören. Weil wir zusammen Zeit verbracht haben. Weil sie Teil unseres Lebens sind. Wir tragen sie in unseren Gedanken, in unserem Tun und in unserem Herzen weiter. Und manchmal taucht plötzlich die Sehnsucht oder eine Erinnerung auf. Wenn ein Lied erklingt, das uns an sie erinnert. Wenn wir an einem Ort sind, den wir mit ihnen verbinden. Wenn wir etwas tun, was wir auch zusammen mit ihnen getan haben. Wenn wir von ihnen träumen oder uns jemand eine Geschichte erzählt, in der sie vorkommen. Ein Foto lässt sie präsent sein, ein stimmiger Text, ein Film, ein Essen, ein Erinnerungsstück …

Unsere Toten begegnen uns mitten im Leben, weil wir sie in uns tragen. Sie sind ein Teil unserer Narben und unserer Schätze. «Was vorüber ist, ist nicht vorüber, es wächst weiter in deinen Zellen, ein Baum aus Tränen oder vergangenem Glück» – so beschreibt es Rose Ausländer.[22]

Wie gut und wichtig ist es, dass es Zeiten und Rituale des Gedenkens gibt. Auf den Friedhof gehen. Die Gräber besuchen und pflegen. Eine Kerze anzünden. Innehalten, still werden und ganz da sein. Die feuchte Erde riechen. Vielleicht ein Gebet sprechen, ein Lied singen. Verbunden sein mit den Toten und mit allen, die auch «ihre» Gräber besuchen.

Allerheiligen und Allerseelen sind Tage, die uns daran erinnern, dass wir endlich sind. Sie fragen uns nach unserer Bestimmung hier auf Erden. Fragen uns, wozu wir hier sind und was unser innerstes Wesen ausmacht. Ein Aspekt der Antwort könnte sein: in allem Unfertigen und Gebrochenen ganz und heil zu werden. Eben «heilig» – durchscheinend für unser wahres Selbst und das ewige Licht, das durch uns scheinen will. Dieses Licht ehren wir auch in jenen, die schon vor uns gegangen sind. Es ist eine Gewissheit, von der viele religiöse Traditionen erzählen und die uns Kraft schenken kann: Wir sind verbunden im Licht.

Immer ist es da

In allem
wächst ein Licht

sind wir begleitet
selbst wenn wir
einsam und ausgesetzt
Dunkelheiten durchschreiten

immer ist es da
erdnah und himmelsvoll

Barbara Lehner

Bedingungslos
das Heute leben

In den vergangenen Monaten war die Trauer meine ständige Begleiterin. Meistens konnte ich mich ihr annehmen, sie als Teil dessen erkennen, was uns gesellschaftlich aus der gewohnten Bahn geworfen hat. Ich konnte über weite Strecken zuversichtlich bleiben und kraftvoll die Aufgaben des Alltags anpacken. Aber nach unserer Covid-Erkrankung Ende Oktober und der anhaltenden Müdigkeit nach unserer Genesung fiel es mir schwer, mich mit meinen Kraftquellen zu verbinden. Gute Worte, Gedichte und das Unterwegssein in der Natur haben mich schliesslich durch das zu Ende gehende Jahr gerettet, waren sozusagen meine «lifeline», mein Rettungsseil.

Das Heute leben, bedingungslos. Leichter gesagt als bisweilen getan. Darum geht es wohl immer schon, nicht wahr? Im Pandemie-Jahr hat dies eine Zuspitzung erfahren. Wenn Geplantes immer wieder über den Haufen geworfen wird, erfordert dies eine entschiedene Zuwendung zum Hier und Jetzt. Eine Bereitschaft, die Dynamik des Vorläufigen zu leben, jeden Tag neu, immer wieder.

Einmal im Dezember war ich in frischverschneiter Landschaft mit den Schneeschuhen unterwegs. Eine bereits mehrere Tage anhaltende tiefe Trauer hatte mich aufgerieben. Die Schwere in meinem Herzen wollte an diesem Tag bedingungslos gelebt werden. Sie liess meine Schritte langsam werden. Das Gehen tat mir gut, etwas kam auch innerlich in Bewegung. Ich war in Gedanken verbunden mit Menschen in meiner Umgebung, die um ihre Existenz bangten oder trauerten um geliebte Angehörige, die verstorben waren oder die nicht besucht werden konnten. Verbunden mit eigenen beruflichen und persönlichen Plänen, die im Frühjahr und im Herbst ein jähes Ende fanden; mit erschütterten Beziehungen zu langjährigen, liebgewordenen Weggefährtinnen in diesem Jahr; und mit meinem eigenen Unvermögen, auch mit bestem Willen Brüche nicht verhindern zu können.

Dann blieb ich stehen, hob meinen Kopf und sah vor mir auf einer Anhöhe einen prächtigen Bergahorn. Stille umfing mich, diese ganz besondere Winter-Schnee-Stille. Etwas in mir kam zur Ruhe. Mein Weg führte hoch zu diesem in sich ruhenden Baum. Lange habe ich dort am Stamm gelehnt und in die Stille gelauscht, die mich umgab. Und je mehr ich mich dem Hier und Jetzt hingeben konnte, umso tiefer ins Wurzelwerk des Bergahorns war ich eingebunden und umso höher hinauf in seine Baumkrone zog es meinen Geist. All mein Elend, all das Hadern und Trauern floss, so schien es mir, aus mir heraus direkt in die Tiefe der Erde ins Wurzelreich des Bergahorns. Und von der Baumkrone schien jedes feine Ästchen mir Zuversicht ins Herz zu flüstern. So kam ich in Berührung mit einem stillen Eingebettetsein. Ich fühlte die Stille der Wurzeln, des Stammes bis hoch hinauf in die Stille der Baumkrone. Und mehr noch: Ich fand wieder neu Anschluss an den Urgrund des Lebens, der uns alle trägt und uns auch dann nicht aus seiner Umarmung entlässt, wenn vieles andere «abgesagt» ist.

Dieses kraftvolle innere Erleben nehme ich mit in all das Neue, was uns dieses Jahr herausfordern, beschenken und bereichern wird. Und ich grüsse alle mit Rose Ausländers Gedicht «Im neuen Jahr»:[23]

Im neuen Jahr / grüsse ich / meine nahen und / die fremden Freunde // grüsse die / geliebten Toten // grüsse alle / Einsamen // grüsse die Künstler / die mit / Worten Bildern Tönen / mich beglücken // grüsse die / verschollenen Engel // grüsse mich selber / mit dem Zuruf / Mut //

Nicht anders sein wollen

Nicht anders
und woanders
sein wollen

Nicht
besser
entspannter
erholter
jünger
leistungsfähiger
schöner
faltenloser
fröhlicher
leichtfüssiger
sein wollen

Nicht mehr flüchten
mich unruhig sehnen
nach dem Anderen
dem oft Unerreichbaren

sondern
stehen bleiben
und da sein
mit dem
was ist

Aushalten
die Trauer
die Erschöpfung
die Schwere

Aushalten
den Schmerz
die Fragen
und Unzulänglichkeiten
die eigenen Fehler

hinschauen
gnadenlos genau
und nicht ausweichen

mich aussetzen
nicht der eigenen Beurteilung
sondern
dem liebenden Blick
meines Gegenübers

um zu lernen
mich selbst
und meine Grenzen
zu achten
zu verstehen
zu lieben

vom Wollen
ins Geschehen lassen
sinken

Heilung wächst
von innen her
braucht
Zeit
Liebe
Verständnis

Heilung
darf nicht
erzwungen werden

Heilung ist Geschenk
wie das Leben selbst
und keine Frage des Wollens
sondern
der Geduld
des Vertrauens
und der kleinen Schritte.

Barbara Lehner

Himmelfahrt
ist eine Zumutung

Sie sind über Jahre mit einem Menschen oder einem Lebenstraum unterwegs. Sie lassen sich ein mit dem, was sie ausmacht: Hoffnungen und Träume, Sorgen und Leid, Glück und Schmerz. Und irgendwann endet der gemeinsame Weg. Und Sie bleiben zurück, zurückgeworfen auf sich selbst. Und fragen sich, was bleibt und wie es weitergehen soll. Kennen Sie diese Erfahrung?

Auch Himmelfahrt ist so eine Erfahrung. Himmelfahrt schickt auf den Weg. Himmelfahrt ist eine Zumutung, eine Geschichte mit ungewissem Ausgang ...

Stellen Sie sich die Situation derer vor, die Jesus nachgefolgt sind: Da kommt einer und begeistert die Leute. Er spricht vom Reich Gottes und macht es fassbar, indem er Kranke heilt. Da kommt einer, schaut Menschen in die Augen, ruft sie auf den Weg mit ihm. Und sie verlassen alles: Beruf und Familie, Fischerboot und Alltag, Status und Umfeld. Drei Jahre lang ziehen sie mit diesem Wanderprediger durchs Land. Er weitet ihren Blick und lehrt sie die Kraft des Vertrauens in Gott und Mensch. So ziehen sie nach Jerusalem, werden mit Jubel empfangen und denken: Jetzt wird alles neu und anders.

Und es kommt anders, anders als jemals gedacht: Nach einem innigen Abend mit Brot und Wein, als Zeichen der Verbundenheit und als Vermächtnis, erleben sie mit dem Rabbi die beklemmenden Stunden am Ölberg, den Verrat, die Gefangennahme, den schweren Gang nach Golgotha und den grausamen Tod des Meisters am Kreuz. Verstört und verängstigt schliessen sie sich ein. Ein paar Frauen lassen den Faden der Liebe nicht reissen. Sie wagen den Gang zum Grab. Und erahnen dort, dass er und seine Botschaft in ihren Herzen weiterlebt. Noch 40 Tage ist er ihnen nahe, erscheint ihnen als einer, der die Schatten des Todes überwunden hat, gezeichnet vom Leiden. Beim Abschied segnet er sie und schickt sie auf den Weg: «Geht weiter und erzählt, was ihr gesehen und erlebt habt. Ich aber, ich verlasse euch jetzt. Nur so werdet ihr mündig, nur so könnt ihr erahnen, dass die Geistkraft in euch wohnt und durch euch wirken wird.»

Auch wir werden immer wieder auf den Weg geschickt durch Verlust und Krankheit, durch das Leben und seine Aufgaben, durch unsere Sehnsucht und durch die Liebe. Und vielleicht fragen wir uns manchmal: Woher nehmen wir die Kraft und den Mut?

Ich möchte Sie mitnehmen auf vier Pfade, die ermutigen, das Leben in all seinen Widersprüchen zu wagen.[24]

Der erste Pfad sagt: Lass dich beschenken und lebe mit allen Sinnen, ganz im Hier und Jetzt. Nimm nichts für selbstverständlich (Das Erwachen am Morgen, das Dach über dem Kopf, das Brot auf dem Tisch ...) und deine Dankbarkeit wird dein Herz nähren. Lerne wieder staunen wie ein Kind und entdecke das Wunder des Lebens.

Der zweite Pfad sagt: Wage dich ins Dunkel, wage die Leere und Stille, das Nichtwissen. Lass die Illusion der Kontrolle los, schau der Vergänglichkeit und den Grenzen deines Seins und Planens ins Gesicht. Lebe die Trauer und lass dich verwandeln in der Tiefe deines Seins. Vertraue, dass das Ende auch ein Anfang sein kann und erahne, dass du gehalten bist, auch im Fallen. So wächst dein Vertrauen über die Abgründe des Lebens hinweg.

Der dritte Pfad sagt: Trau dem Licht, das dich führt und der Kraft der Erneuerung, die das Leben bereithält! Sei neugierig, wenn alles zusammenbricht. Atme tief aus und versuche, zwischen den Scherben das Unerwartete zu entdecken. Gib nicht auf, suche die Möglichkeiten und sei kreativ. Neues will gelebt werden. Und vergiss nie: Für so viele Menschen bist du ein Geschenk, einfach weil du da bist!

Der vierte Pfad sagt: Alles ist mit allem verbunden. Niemand ist eine Insel. Darum geht die Not der Erde und der Menschen dich etwas an. Darum können viele kleine Schritte etwas bewirken. Im Guten wie im Schlechten. Übernehmen wir Verantwortung für diesen Moment, für uns, unsere Nächsten und fürs Ganze.

So kann Vertrauen wachsen, den Weg weiterzugehen. So können wir – wie damals der Kreis um Jesus – die Zumutung im Abschied und die Aufforderung zum Aufbruch vielleicht annehmen und erahnen, dass wir dennoch begleitet und aufgehoben sind zwischen Steinen und Sternen.

Genährt vom Atem des Lebens

Die Krisen finden kein Ende. Ist die eine überwunden, tut sich eine neue auf. Und allzu viele scheinen unüberwindbar. So empfinden wohl viele, und vieles deutet daraufhin, dass sie recht haben. Wie soll da «Zeit für Zuversicht» sein? Jedoch: Zuversichtlich sein ist auch eine Entscheidung. Sie lässt uns den Blick auf das richten, was uns Kraft gibt, um in unsicheren Zeiten nicht von Sorgen weggespült zu werden. Sie bildet die Brücke zwischen der Krise als Gefahr und der Krise als Chance. Zuversicht ermutigt uns, Umstände mitzugestalten, statt uns den Geschehnissen auszuliefern.

Mir wächst Zuversicht häufig zu, wenn ich mich der Symbolkraft der Natur anvertraue. Wie vor einem Jahr war ich Mitte Dezember mit den Schneeschuhen unterwegs, schon am Morgen hatte er mich gerufen, der Bergahorn vom letzten Jahr. Ich wollte zu ihm hingehen, um zu danken, dass er mich durch das ganze vergangene Jahr innerlich genährt, getröstet und gestärkt hat. Wann immer mich diese verwirrende Welt, ihre Menschen und diese nicht enden wollende Pandemie erschöpft haben, bin ich in Gedanken wieder zu ihm hochgestiegen, habe mich an seinen Stamm gelehnt und meine Müdigkeit seinem Wurzelwerk anvertraut, mich in die erhabene Höhe seiner Krone aufrichten lassen. Ich vernehme die Worte: «ich will nicht aufhören mich zu erinnern, dass ich dein baum bin, gepflanzt an den wasserbächen des lebens.»[25]

Ich ging wieder unten am Weg und schaute zu ihm hoch. Alleine stand er da auf dem Hügel und zog mich erneut in seinen

Bann. Ich näherte mich dem Baum in einer immer enger werdenden Spirale. Mit jedem Schritt vergegenwärtigte ich mir herausfordernde Momente im zu Ende gehenden Jahr: Momente voller Zuversicht und voller Angst – meine eigene und die von Menschen, die wir begleiten durften. In der Mitte beim Stamm angekommen, kam ich zur Ruhe.

Der Baum lud mich zum Ausatmen ein. Wie zwei Lungenflügel breiten sich seine Äste von der Stammesmitte zur Seite aus, hoch hinauf dem blauen Himmel entgegen. Lunge – Atem – Lebenskraft verheisst er. Wir atmen, wir leben – ist nicht alleine das Grund genug, zuversichtlich zu bleiben? Genau daran hat mich der Bergahorn erinnert, wie ich zu ihm hochgeschaut habe – an den geschenkten Atem des Lebens.

Schenk mir deinen Atem, Leben

Schenk mir
deinen Atem
Leben

ein Fenster
der Zärtlichkeit
im Strudel
des Dringlichen

Ewigkeitsfunken
wenn die Sehnsucht
ihren Zenit
überschritten hat

einen Raum der Stille
nach dem letzten
ausklingenden Ton

Schenk mir
deinen Atem
Leben

Barbara Lehner

Trotzdem

Karfreitag. Alles in uns wünscht sich, dass alle Karfreitage endlich ein Ende nähmen. Dass Gewalt und Hunger keine Kinder und Frauen mehr in die Flucht triebe. Dass keine Söhne, Väter, Ehemänner ihr Leben mehr lassen müssen auf den Schlachtfeldern dieser Welt.

Wir wünschen uns so sehr, dass Sonnenblumenfelder nicht im Bombenhagel zerstört und Blumen nur darum abgeschnitten werden, um ein Lächeln in die Herzen der Menschen zu pflanzen.

Aber.so.ist.es.nicht. Wir wissen es.

Karsamstag. Dieser eine Tag des Innehaltens zwischen abgrundtiefer Verzweiflung und neuer Zuversicht. Die Notwendigkeit des Dableibens und Raumhaltens mit den Trauernden, den Verzweifelten, den Perspektivlosen, den am Boden Zerstörten. Vorschnelle Vertröstung hat hier keinen Platz.

Wir kennen es aus der Begleitung Trauernder: Der Schmerz, die Leere, die Ohnmacht, das Hadern, das Nicht-mehr-weiter-Wissen will gesehen und ernstgenommen werden. Es braucht das «Hinabsteigen in das Reich des Todes.» Es braucht das genaue Hinschauen, Hinhören, mit Herzaugen und Herzohren und mit langem Atem.

Ostern, die Nach-Ostern-Zeit. Ein Leben in der Spannung der Gegensätze: Wenn wir vor dem Shibashi Qi Gong unsere Hände zum taoistischen Gruss vereinen – die eine Hand für Yin, die andere für Yang – stellen wir uns bewusst den Gegensätzen in unserem Leben. Manchmal ist diese Spannung kaum auszuhalten. Manchmal wandelt sich etwas ohne unser Zutun. Manchmal schlägt ein widerborstiges «und» die Brücke zwischen den Polaritäten Verzweiflung und Zuversicht. Dann sind wir eingeladen, auf beides zu blicken und zu entscheiden, wo unsere Kraft und Aufmerksamkeit hingehen soll:

«Es gibt die steinigen Wege und es gibt die Blütenwege.
Es gibt die an Dürre zerbrochenen Wälder und es gibt die summenden Blütenbaumkronen.
Es gibt das mit den Zähnen knirschen und das Stakkato des Spechts in seinem Hoheitsgebiet.
Es gibt das heilende Herzfeuer ganz nah und das Kanonenfeuer von fern.
Es gibt das Wippen der Bachstelze und das auf Grund gelaufene Boot im durstenden Fluss.
Es gibt das Blütenauge an seinem Stammplatz und das weinende Auge auf der Flucht.
Und in all dem blüht ein Wort, das mit den Bienen
auf Futtersuche fliegt und über Herzränder wächst:
Hoffnung, hope, espoir.»
Maryse Bodé[26]

Hoffnung zu leben heisst, beides zu leben: den Schrecken des Karfreitags und auch das Trotzdem, das unbändige Ja zum Leben von Ostern.

Radikales Staunen

Wir waren wieder einmal in eines unserer offenen Suchgespräche verwickelt, als Karl, mein damals 93-jähriger Freund, der immer noch Fragen stellte, plötzlich meinte: «Weisst du, ich kann mir noch so Mühe geben, aber irgendwie ist es mir nicht möglich, religiöse Gefühle zu haben. Und erst recht ist es für mich schwierig, etwas so Grosses wie Gott zu denken oder mir vorzustellen.»

Ob er denn Momente erlebe, in denen er sich in etwas Grösserem aufgehoben fühle, fragte ich ihn.

Nach einem kurzen Nachdenken kam ein Leuchten in sein Gesicht. «Hmm, wenn ich so zurückblicke, kommt mir der Vierwaldstättersee in den Sinn. Über sechzig Jahre bin ich zig Kilometer auf diesem See gerudert. Ich kenne jeden Winkel dieses Sees und habe seine Topographie immer wieder aufs Neue bewundert und studiert. Wenn ich im Boot sass und im Gleichklang mit den anderen ruderte, gab es immer wieder Momente, in denen es mich richtig ergriffen hat: dieses Staunen. Ich, der kleine Mensch, mit meinen wenigen Jährchen, nahe der Wasseroberfläche sitzend und da die gewaltigen und jahrtausendealten Gesteinsmassen der Urnerberge, die sich neben mir erhoben. Welche Kräfte da die Materie geformt haben mussten! Und welche Schönheit, lange vor mir entstanden und doch immer wieder neu vor meinen Augen. – Irgendwie berührte mich das bis ins Innerste, weitete mein Herz, liess meine Zellen erschaudern, nahm mir die Sprache. – So ein komischer Kauz bin ich!»

«Vielleicht ist genau dies dein Zugang zum Grösseren, Göttlichen: dein Staunen über diese Schöpfung, den Vierwaldstättersee, die Berge», antwortete ich ihm.

Und ich erzählte Karl von Dorothee Sölle, einer meiner Lieblingstheologinnen. *Radical Amazement,* radikales Staunen hat Dorothee Sölle in ihrem letzten Vortrag zum Thema «Glück ist mein Grundgefühl» diesen einen mystischen Zugang zu Gott genannt. «Am Anfang [der mystischen Reise] steht das Staunen, das Verwundertsein: wir erfahren etwas, was wir noch nicht gekannt oder gewusst haben. [...] Jedes Entdecken der Welt und eines ihrer geringsten Teile kann uns in einen Jubel stürzen, in ein radikales Staunen, das die Schleier der Trivialität zerreisst. Nichts ist selbstverständlich und am allerwenigsten die Schönheit.»²⁷

Damit konnte mein Freund etwas anfangen. Er blickte hinter die Bilder dessen, was er in jungen Jahren im Religionsunterricht über «Gott» gelernt hatte und nie wirklich mit seinem Leben verbinden konnte. In unserem Gespräch erschlossen sich ihm plötzlich seine «Gottesmomente»: all jene Erfahrungen des Berührtseins und Staunens, der Dankbarkeit und Ehrfurcht vor der Schönheit des von ihm so sehr geliebten Sees.

Wenn die Welt Kopf steht

Ich hatte gerade meinen Espresso getrunken und wollte nach der Mittagspause wieder an die Arbeit gehen, als das Telefon klingelte. «Guten Tag, ich habe ein Problem», sagte eine männliche Stimme, kaum hatte ich mich gemeldet.

«Ja, um was handelt es sich?», fragte ich den Anrufer.

«Es ist so: Meine Frau liegt im Kantonsspital und ist am Sterben», antwortete er sachlich und versuchte, seine Fassung zu bewahren.

Ich hielt einen Moment inne. «Das ist ein schwerer Moment. Wie kann ich Ihnen helfen?»

«Wissen Sie, mir ist so etwas noch nie passiert. Ich weiss nicht, wie ich dann vorgehen muss, wenn meine Frau gestorben ist. – Wen ich anrufen muss: zuerst den Bestatter oder doch so jemand wie Sie? Und wo ich eine Person finde, die die Trauerfeier meiner Frau gestalten würde. Sie ist katholisch, möchte aber eine alternative Form des Abschieds ... dann ... wenn es soweit ist.»

Gut eine halbe Stunde berate ich ihn kostenlos und gehe auf seine Fragen ein. Am Schluss ermutige ich ihn, den Weg weiterzugehen mit sich, seinen Ängsten, seiner sterbenden Frau. Sage, dass ich zu Hause eine Kerze anzünden werde, für ihren Weg des Abschiednehmens.

Krisenzeiten fordern heraus. Das, was uns entgegentritt, ist zu gross, als dass wir ihm einfach ausweichen können. Dann ist es eine Stärke, sich der Herausforderung zu stellen und den Weg Schritt für Schritt tapfer zu gehen. Wenn unsere Welt gerade Kopf steht, brauchen wir Menschen. Als Weggefährt*innen, als Gesprächspartner*innen und Orientierungspunkte und manchmal als Hilfe in der Not, mit Fachwissen und Menschlichkeit.

Als ich auflege, halte ich einen Moment inne und lasse das Gespräch nachwirken. Irgendwie berühren mich die ehrlichen Worte des gut sechzigjährigen Mannes. Er hat ein «Problem», das ich ihm nicht abnehmen kann: Seine Frau wird sterben und dieser Abschied wird ihn mit all seinem Schmerz und seinen Konsequenzen fordern.

Aber ich kann ihm beistehen, damit er sich dieser Lebensaufgabe zu stellen vermag. Ich unterstütze ihn mit Informationen und Fachwissen, mit gezielten Fragen und Hinweisen. Ich bestätige seine Herausforderungen, bestärke seine Ideen und höre ihm einfach zu. Gebe seinen Gedanken und Fragen Raum. Die Aufgabe, das «Problem» wird dieser Mann selbst durchleben und gestalten müssen. Aber mein Beistand kann ihn stärken und ermutigen in seinem Tun. Trauerbegleitung ist dann mehr als einem Menschen gegenüber zu sitzen, der weint und Geschichten erzählt. Das ist es auch, aber noch viel mehr: einen Menschen mit Hintergrundwissen, echtem Interesse und Empathie zu unterstützen in ganz konkreten Aufgaben, die diese aussergewöhnliche Situation an ihn stellt. In einem Raum, in dem Fragen und Unsicherheit sein dürfen, wachsen auch Ideen und Gewissheiten, was als Nächstes zu tun ist.

Das ist doch schön, denke ich und setze mich dankbar an meinen Schreibtisch, wende mich meinen Aufgaben zu ... und lächle. Diese geschenkte Zeit war nicht vertan. Ich konnte dem Anrufer ein paar Steine zeigen, mit denen er eine Brücke zum Weitergehen bauen kann – über den Abgrund des Abschieds hinweg in eine neue Wirklichkeit.

Nichts

Ich atme und bin ganz da
Und da ist dieses leere weisse Blatt im Licht
die Rückseite meines Namensschilds
und erinnert mich daran
nackt kam ich hierher
nackt werde ich gehen

Nichts kann ich festhalten, nichts mitnehmen
wenn der Tod ruft
meiner oder der eines geliebten Menschen

Nichts ist mein Sein
und nichts bleibt ewig
und was ich glaubte
zu sein und zu wissen
zerbricht und löst sich auf
im grossen Nichts
und auch was ich liebe
wird vergehen

So ist das und tut so weh
und macht nackt und verletzlich
berührbar und wund
Das ist die harte Wahrheit
der Preis, um liebend da zu sein
in dieser vergänglichen Welt

Und da ist der Wunsch
trotzdem mich atmend einzulassen
auch angesichts
des grossen mächtigen Nichts
das eines Tages ruft

Und dann werde ich mich
mit leeren Händen
Dir, Geheimnis und Atem des Lebens
entgegenweinen, entgegentanzen
mich auflösend im Nichts
das Du umfängst

Barbara Lehner

Ein Raum,
der frei von allem ist

«Wie ist das zu verstehen mit der Jungfräulichkeit?», fragte mich die alte Dame. Sie sah mich mit ihren alten und gütigen Augen sinnierend an. «Ich habe Maria, die Mutter Jesu, so gerne. Wirklich. Aber das macht mir Mühe. Es ist schwierig für uns normale Frauen», gab sie zu Bedenken. Das war vor 20 Jahren. Ich war eine junge Seelsorgerin und sie eine lebensreiche Bewohnerin im Heim.

«Hätten Sie Maria weniger gerne, wenn Maria wie alle Frauen ihr Kind bekommen hätte? Nachdem sie mit einem Mann geschlafen hätte? Wäre Maria dann weniger wert in Ihren Augen, wäre sie dann nicht mehr Mutter Gottes und Fürsprecherin bei Gott?»

Die alte Frau dachte einen Moment nach und ihr Gesicht hellte sich auf. «Nein, ich würde sie genauso lieben und verehren. Vielleicht sogar noch mehr. Weil sie dann wirklich eine von uns wäre. Eine, die das Ganze kennt, das Menschliche und das Göttliche. Sie bleibt auch eine besondere Frau. Die Mutter des Heilands, die alle Sorgen kennt.»

So war die erste Hürde gemeinsam geschafft. Gemeinsam gingen wir noch tiefer in die Frage hinein und so kamen wir bei der Jungfräulichkeit als Bild an. Als Bild dafür, dass es in jedem Menschen einen Raum gibt für die Begegnung mit der letzten Wirklichkeit. Mit dem Geheimnis. Mit Gott.

Und dass dieser innere Raum aufleuchten kann, wenn Stille eintritt. Wenn uns etwas sehr berührt und anspricht. Wenn wir erahnen, dass wir mehr sind als dieser geschäftige Alltag.

Wenn wir innehalten und eine Pause einlegen. Wenn wir ganz im Moment und bei uns ankommen. Wenn wir hellhörig und innerlich wach werden. Offen und verletzlich.

In diesen Raum können wir hineinsinken. Uns darauf ausrichten. Ihn pflegen. Dazu braucht es Ruhe. Immer wieder Momente des Rückzugs. Die Momente, in denen wir alles ablegen, was uns gerade beschäftigt. Die Momente des Nichts. Wie die Stille zwischen zwei Atemzügen. Der Moment des Aufschauens von der Arbeit, bevor es wieder weitergeht. Das Betrachten der Kerze, die gerade brennt. Das Atemholen am Fenster. Das Lesen und Verklingenlassen eines guten Textes. Der Moment, den ich mir nehme für eine Tasse Tee, für ein Gebet.

Dieser Raum, so fanden wir heraus, ist in uns. Und er muss leer sein, leer werden. Nur so kann Resonanz entstehen mit dem, was mir gerade begegnet. Resonanz mit der Tiefe des Lebens. Mit dem Geheimnis. Mit dem Klang des Ewigen in allem.

Mehr als 20 Jahre später sind unsere Zwischenzeiten mehr denn je besetzt. Ein kleines Gerät macht es möglich. Nachrichten fluten ungefragt hinein. SMS fordern unsere Aufmerksamkeit. Mails wollen beantwortet werden. Spiele und Videos lenken uns ab.

Den Blick heben vom Bildschirm. Die Augen schliessen. Den Atem spüren. Und gar nichts tun, denken, wollen, müssen. Das wäre und ist schon eine Wohltat und bitter notwendig. Ein erster Schritt hin zu einer heiligen Leere. Zum Wendepunkt, der das Undenkbare ermöglicht. Wie das Ja jener jungen Frau, die Mutter des göttlichen Kindes wurde.

Schritt zum Wendepunkt

Die Augen schliessen.
Den Atem spüren.

Gar nichts tun,
denken, wollen, müssen.

Das wäre ein erster Schritt,
hin zu dieser heiligen Leere.

Zum grossen Ausatmen.
Zum Neuwerden.

Zum Wendepunkt,
der das Undenkbare

und ein tiefes Einatmen
ermöglicht.

Barbara Lehner

«Victory» für einen gesunden Kranken

Ein Arzt wird beerdigt. Als er mit 41 an Multipler Sklerose erkrankte, sagte ihm ein Kollege voraus, dass er seinen 50. Geburtstag nicht erleben würde. Er wurde 73 Jahre alt.

Er war Arzt mit Leib und Seele und aus tiefster Berufung. Selbst nach seiner Erkrankung praktizierte er noch fast zehn Jahre. Er nahm an Studien teil, damit die Erkenntnisse ihm – oder dann wenigstens anderen – helfen könnten, die an derselben Krankheit leiden. Anderen konnte er helfen, ihm konnte nicht geholfen werden. So fasst der Sohn das Schicksal seines Vaters im Lebenslauf zusammen.

Nach der Würdigung bittet der Sohn die Trauergemeinde aufzustehen, um in einer Gedenkminute dem Verstorbenen Ehre zu erweisen. «Mein Vater würde heute hier vor euch stehen und euch zulächeln, dessen bin ich mir sicher. Und er würde uns mit dem Victory-Zeichen grüssen. Mit jenem Symbol, welches er für sich in der langen Zeit der Krankheit entdeckte. Bei jedem Besuch grüsste er uns mit diesem Zeichen für Sieg und dauerhaften Frieden.»

Dann stehen wir schweigend da und erheben die Hand zum Victory-Zeichen für den Verstorbenen. Voller Respekt angesichts des Kampfes, den der Verstorbene über Jahre führte im Ringen um sein Dasein. Voller Dankbarkeit für die innere Grösse dieses Menschen.

Wir ehrten nicht die Tatsache, dass der Arzt dann doch 73 wurde. Wir ehrten, dass das Bedrohliche und Unkontrollierbare dieser fortschreitenden Krankheit nicht sein ganzes Leben und seinen Geist dominierte. Dass er die Gabe hatte, nach jedem Krankheitsschub innerlich wieder aufzustehen und sich Räume zu erschaffen, in denen trotz des Schweren auch Glück, Freude, Hoffnung und Vertrauen wohnten. Dass er trotz seiner Schmerzen und Beschwerden immer ein gutes Wort für seine Mitmenschen fand und ihnen einen freundlichen Blick schenkte. Und dass er im Herzen kerngesund und lebensfroh durchs Leben ging, dem Schweren immer wieder das Leichte abtrotzend.

Er fand inneren Frieden, weil er es schaffte, sein Schicksal anzunehmen als Zumutung und als Weg, den es zu beschreiten und zu gestalten galt. Und er tat dies mit allem, was ihm an Kreativität, Güte des Herzens und Willenskraft zur Verfügung stand.

Vielleicht ist dies die grösste Heilkraft, die dieser Arzt hinterlässt: sein Zeugnis, dass es möglich ist, sich vom Leiden, den eigenen Ängsten und Bedenken nicht einmauern zu lassen. Er erinnert uns daran, dass die Fakten und Erschwernisse das eine sind, aber was wir daraus machen, ist das andere. Oder wie Christiane Singer es in ihrem Buch «Alles ist Leben» an einer Stelle formulierte: «Die Krankheit ist in mir. Jetzt muss ich schauen, dass ich nicht in der Krankheit bin.»[28]

Wir alle haben diese Fähigkeit zur inneren Freiheit und Grösse. Wir können uns entscheiden, uns vom Schweren und Schwierigen nicht dominieren zu lassen. Wir können wagen, «alles zu leben», weil alles – auch wir selbst – gehalten ist. Im Dunkel und im Licht.

Und in der Nacht

Und
in der Nacht
leuchten
die Sterne

Und
im dunklen Grund
liegen
Segensmünzen

Und
im schwarzen See
spiegelt sich
der Himmel

Ewige Verheissung
nichts ist verloren
alles ist gehalten
in Verzweiflung und Hoffnung
in Dunkelheit und Licht.

Barbara Lehner

Holding Space

Das Bild hat mich berührt: Die beiden Kinder am Grab ihres Vaters halten kleine Körbe mit Rosenblättern, mit denen sich die Trauergäste vom Verstorbenen verabschieden. Hinter dem Mädchen steht die Patentante, hinter dem Knaben der Patenonkel, wach und jederzeit bereit, einzuspringen und zu unterstützen, wenn es nicht mehr geht.

Ihre Mutter steht abseits, sie hat sich als eine der ersten am Grab von ihrem Mann verabschiedet und nimmt nun die Beileidsbekundungen entgegen. Und hinter ihr steht ihr Vater, diskret legt er dann und wann seine Hand auf ihre Schulter, fragt, ob es geht und bringt ihr etwas Wasser zum Trinken an diesem heissen Spätsommertag. Seine Frau hat ihn zu diesem Liebesdienst an seiner Tochter ermutigt.

«Viele bewundern meine und unsere Stärke als Familie», sagt die Witwe später. «Wie wir die Zeit der Krankheit meines Mannes und später das Sterben zu Hause durchgestanden und gestaltet haben, die Kinder und ich, zusammen mit meinem Mann. Aber ich konnte nur so stark sein, weil ich gestützt wurde. Weil Ohren und Herzen da waren, die auch mir zuhörten und mitdachten. Weil offene Augen und Hände die anfallenden Arbeiten im Haushalt sahen und mir unter die Arme griffen, wenn alles drunter und drüber ging. Weil meine Familie, meine Eltern und einige Freundinnen und Nachbarn die Kinder immer wieder zu sich nahmen oder einfach vorbeikamen und mithalfen, wenn Not am Mann war. Und weil man uns diese Zeit zusammen gestalten liess. So konnten wir Schritt für Schritt gehen und den Weg suchen, der für uns grad passend erschien.»

Was diese Familie unterstützte, waren Menschen, die für sie in verschiedensten Momenten «den Raum hielten», indem sie da waren und aushielten, was grad war, ohne vorschnell Ratschläge zu erteilen. Menschen, die präsent waren und eine Hand anboten, wenn diese gefragt war, ohne sich aufzudrängen. Menschen, die die Familie ihre eigenen Entscheidungen treffen liessen und diese respektierten. Menschen, die gerade so viel Informationen gaben, wie im Moment nötig war, um klarer zu sehen und handeln zu können. Menschen, die die Familie ermutigten, ihrem gesunden Menschenverstand und ihrer Intuition zu trauen. Sie lebten «Holding Space» – eine Art des respektvollen Daseins und Mitgehens ohne Druck auf irgendein «Ergebnis».

Was beeindruckend ist: Wir alle, die wir Menschen in Krisen unterstützen, sind ebenfalls gehalten von jenen, die wiederum für uns da sind und uns «den Raum halten». Damit wir das tun können, was grad Not tut. So sind wir gehalten im Netz – oder in einer langen Reihe, in der jene, die dir den Rücken stärken, selbst gestärkt werden. Wir brauchen einander, um dieses Leben mit all seinen Herausforderungen bestreiten zu können.

Wir brauchen Menschen, die für uns da sind, damit wir für andere da sein können mit einem grossen Ja zum Leben.

Raum halten

Raum halten
heisst

dasein
aushalten
ermutigen
ermächtigen
bekräftigen

zumuten
unterstützen
informieren
selbst entscheiden lassen
zulassen
und Halt schenken
im Haltlosen

Es braucht
eine Verwurzelung
im Sein
und Vertrauen
ins Werden.

Raum halten
ist eine Kunst.
Und ein Weg.
Und ein grosses Geschenk
für die, deren Welt
gerade weggebrochen ist.

Barbara Lehner

Vom Mut, auf vorschnelle Antworten zu verzichten

«Mein Blick aufs Leben hat sich mit der Geburt meines Sohnes fundamental verändert», sagt Valarie Kaur, eine indischstämmige US-Amerikanerin, Dokumentarfilm-Macherin und Bürgerrechtsaktivistin. «Und wenn ich auf das schaue, was zur Zeit in unserem Land geschieht, frage ich mich: Könnte es sein, dass wir uns statt im Grabesdunkel in der Dunkelheit des Mutterschosses befinden?»

Mir gefällt dieses Bild, weil es mich einlädt, das Geschehen in unserer Welt anders zu betrachten als mit einem engen Blick, der Angst verbreitet. Es bindet die Ereignisse in einen Kreislauf von Werden, Sein und Vergehen ein – den Grundkonstanten allen Lebens. Was macht es doch für einen Unterschied, wenn die Dunkelheit und das in ihr keimende Leben geehrt werden, statt einzig auf das Bedrohliche, vielleicht sogar Todbringende fixiert zu bleiben! Denn in den Wirkbereich der Dunkelheit gehören das Schöpferische wie auch das Zerstörerische, das Grab wie auch der Mutterschoss. Und genauso gehört in den Wirkbereich der Helligkeit die versengende Kraft des Feuers wie auch das Wachstum fördernde Sonnenlicht.

Valarie Kaurs Gedanken helfen mir, Polarisierungen zu widerstehen. Die vertrauten Zuschreibungen von Gut und Böse, Freund und Feind beginnen sich aufzulösen. Vielleicht wagen wir es sogar, das ängstigende Andere in uns und um uns zu umarmen, zu ehren und ihm in unserem Leben einen Platz zu geben. Unrecht soll beim Namen genannt und Verbrechen an der Menschlichkeit müssen verurteilt werden. Wir können aber der Versuchung widerstehen, einfachen Lösungen und Heilsversprechen auf den Leim zu gehen.

Jeweils zu Beginn unserer Übezeit im Shibashi Qi Gong verneigen wir uns zum taoistischen Gruss. Wir ehren damit die sich widersprechenden und sich doch ergänzenden Kräfte von Yin und Yang. In jedem Teil ist bereits der Samen des anderen enthalten. Wir verbinden Erde und Himmel, Nacht und Tag, Weibliches und Männliches, Körper und Geist, Dunkelheit und Licht, Herz und Verstand. Symbolisch führen wir zusammen, was uns in unserem westlich geprägten Denken als gegensätzlich und unvereinbar erscheint. Wir drücken damit aus: Es braucht beide Teile, sie bedingen einander und erst zusammen bilden sie ein Ganzes.

«Es bleibt uns nichts anderes übrig, als in der Dunkelheit zu verharren. Als Volk liegen wir Amerikaner flach auf dem Boden, mit dem Herzen nahe bei Mutter Erde. Hier bekommen wir aus nächster Nähe mit, wie sich die Dinge auflösen. Vergessen wir nicht: Jeder Same gehört in die Dunkelheit, dort muss er sich von innen heraus wandeln, und dabei kommt er nicht darum herum, seine Gestalt aufzulösen, um zu wachsen. Ich bete dafür, dass unser Land Keime treibt und wächst. Dass der Rückzug, in dem wir uns befinden, zum Nährboden wird für eine Gegenkultur mit einer Graswurzelkultur, wie wir sie noch nie gesehen haben. Hin zu einer Kultur der Liebe, die jedes Mass übersteigt.»[29]

Diese hoffnungsvollen Worte sprechen in unsere Zeit und auch in unser Land. Sie ermutigen, sich ein offenes Herz zu bewahren für das Leiden und den Schmerz in der Welt, und nicht zu verzweifeln angesichts von Krieg und Zerwürfnissen.

Mögen wir mit unbändigem Mut das Dunkle genauso umarmen wie das Licht und dem Leben und seinen Prozessen vertrauen.

Nicht werten

Nicht werten
Sein
Lassen
Mich nicht hinreissen lassen

Mich nicht gehen lassen

Und wenn
dann dorthin
wo aus weiter Ferne
neue Zuversicht
naht

Antoinette Brem

Das Geschenk
der Verletzlichkeit

«Was hab ich schon zu bieten?», fragt sie und blickt mich trau-rig an. Es ist ihr immer wieder übel und dadurch ist sie ruhiger und zurückgezogener. Scheinbar weniger witzig, unterhaltsam und geistreich. Und da fragt sie sich, ob sich die Leute zurück-ziehen werden, wenn sie nicht mehr dieselbe ist wie früher. Die Übelkeit kommt von den Tumoren, die im Kopf wach-sen und immer grösser werden. Medikamente müssen immer wieder angepasst und Nebenwirkungen im Schach gehalten werden. Die Tage sind schwer, die Dunkelheit ist groß. «Ich habe keine grossen Ziele mehr und weiss nicht, wie weit mei-ne Kräfte noch reichen, ob der Tod schon bald an meine Tür klopft.»

Nicht immer ist sie ein Geschenk, diese geschenkte Zeit. Es bedeutet leben in der Ungewissheit und dem Jetzt, dem Wie-lange und dem Wann. Eine Zeit, in der der Funke Hoffnung versucht, dem Leben die Tür einen Spalt offen zu halten.

Und ja, es ist eine Kunst, jedem Tag ein Stückchen Freu-de abzuringen und sich zu öffnen für das Schöne, Gute und Nährende. Und ja, wie schwer ist es zu glauben und zu den-ken, dass wir alle wertvoll sind, auch ohne Wertschöpfung und Wirken, ohne Glanz und Genialität. Dass unser Dasein allein Geschenk ist und gewürdigt und geliebt werden will.

Und dass das Kind in der Krippe zu einem anderen Blick einlädt. Zu einem Blick der Liebe, der in der Abhängigkeit – in der Säugling und Sterbende einander ähneln – und im verletz-lich Menschlichen einen Ort entdeckt. Einen Ort, wo der Himmel sich öffnet und das grosse Geheimnis die Erde berührt. Weil alles wegfällt, was blendet. Weil nacktes, verletzliches Dasein nach Zärtlichkeit ruft und Fürsorge. Und Liebe und eine tiefe Sehnsucht nach Einfachheit, nach Frieden.

Sich zuzumuten in aller Verletzlichkeit, Begrenzung und Endlichkeit, ist wohl eine der letzten Aufgaben. Und es ist keine leichte. Sich fallen lassen und auf die Liebe vertrauen, die trägt und hält, die aushält und mitträgt. Was für eine Kunst.

Diesen letzten Weg mit all seinem Ringen zu teilen, braucht Mut. Das ist das, was sie uns «bietet», was sie uns schenkt. Ein raues Stück Lebensschule im Teilen ihres Weges. Wo auch wir verwandelt werden, geprägt und herausgefordert. Und zur Liebe gerufen, die auch das Schwere umarmt und lebt.

Dafür danke ich ihr. Und noch für viel mehr. Für die vielen Momente in den letzten 21 Jahren, in denen wir gemeinsam immer wieder Leben und Erfahrung teilten, das Wesentliche umkreisten. Sie immer kritisch, doch auch hoffnungsvoll. Sie, die mir liebe, kostbare Freundin.

Ein besonderes Paar

2024 fielen Valentinstag und Aschermittwoch auf denselben Tag. «Das passt doch nicht zusammen!» fanden einige. Oder gerade erst recht?

Der Aschermittwoch erinnert an unsere Grenzen und die Begrenztheit unseres Daseins. Nach den Tagen der Entgrenzung und der Ausgelassenheit der Fasnacht werden wir «zurückgepfiffen» auf Feld eins. Und das lautet: «Bedenke Mensch, dass du Staub bist und wieder zu Staub wirst.» Und tatsächlich, ob es uns passt oder nicht: Wir sind nicht ewig hier. Unsere Tage sind gezählt. Unsere Möglichkeiten begrenzt. Und auch jeder geschenkte Tag verfügt nur über eine begrenzte Zahl von Stunden. Unser Leben ist ein Wimpernschlag in der langen Geschichte dieser Erde. Immer wieder fällt mir das ein, wenn ich die majestätischen Walliser Berge betrachte und mir bewusst werde, wie lange sie schon bestehen und weiter bestehen werden – lange, lange vor meiner Zeit und weit, weit über meine Zeit hinaus. Das Wissen, dass auch in meinen Knochen Mineralien wohnen, die mit jenen dieser Viertausender verwandt sind, dass mein kleines Nichts Teil eines grossen Ganzen ist, verbunden mit dem ewigen Sein, berührt und tröstet mich.

Und da ist andererseits dieser Tag der Freundschaft, umgemünzt und kommerzialisiert zu einem weiteren Pflichttag der Liebesbeweise an die Vertrautesten. Doch eigentlich ist es ein Tag zum Feiern, dass wir Verbindungen eingehen können. Dass wir vielfältige Formen der Liebe leben können. Dass wir Interesse am Dasein anderer entwickeln und bereichert werden in der Begegnung mit dem Lebendigen – in Menschen, Tieren und in der Natur. Dass wir Verbundenheit leben können, die die Grenzen der Sippe überschreiten. Die freiwillig gewählt wird. Dass es eine Freude ist, Menschen zu treffen, die uns ansprechen durch ihre Art und ihr Dasein. Die uns berühren, innerlich bewegen, uns bereichern und beschenken, wenn sie ein Stück Weg mit uns gehen und so Teil unseres Lebens werden.

Die Kombination dieser beiden Akzente ist spannend. Und liegt nicht ein besonderer Zauber darin, dass wir uns in der Flüchtigkeit unserer Zeit und in der Begrenztheit unseres Daseins begegnen? Dass der vermeintliche Zufall uns zusammenführt? Denn diese Begegnungen und Verbindungen sind gerade deshalb so kostbar, weil im Zugefallenen Bedeutung wächst. Weil ein Geschenk aufleuchtet, das uns prägt und weiterführt.

«Wie schön, dass wir uns begegnet sind!» Das war der letzte Satz meiner sterbenden Freundin Iris an ihren guten Freund und Seminarkollegen Stefan, als er sie im Hospiz besuchte. Mit einem Lächeln in niederrheinischem Wortwitz hingeworfen. Ein Dank an den Zufall und an den gemeinsamen Weg und an die Freundschaft, die ihr so wertvoll war.

Weil nichts selbstverständlich ist

Weil nichts selbstverständlich ist,
ist alles Geschenk.

Jede Begegnung, jedes Dasein.
Jeder gemeinsame Weg.

Immer gelebt im Jetzt.
Und eingebunden
im uns übersteigenden
Ewigen.

Barbara Lehner

«Sprich nur ein Wort …»

Wir sitzen im Kreis, in der Mitte steht eine Kerze, die umgeben ist von Blumenblüten und Steinen. Auf jeden Stein habe ich auf die Unterseite ein Wort geschrieben, etwa Mitgefühl, Urvertrauen, Licht, Segen, Mut, Sinnlichkeit, Wandel, Liebe, Lebenskraft …
Jede der anwesenden Frauen nimmt einen Stein. Eine Frau schaut erstaunt in die Runde, als sie sieht, was auf ihrem Stein steht: Urvertrauen. Und sie berichtet in sehr persönlichen Worten, warum dies seit der Kindheit ihr Lebensthema sei und wie sehr sie genau jetzt diese Ermutigung brauche. Wir sind alle sehr berührt.

Reihum geben weitere Frauen Einblick in ihre Erkenntnisse, die ihr zuvor gezogener Wort-Stein ermöglicht hat. Ein starker Moment. Viele heilsame Worte. Und ein guter Tag für Worte, die uns fürs ganze Jahr begleiten sollen: Es ist der 2. Februar, Lichtmess/Imbolc, wo seit alters geglaubt wird, dass nicht nur Pflanzen nach der Winterstarre ihr Wachstum wieder voranzutreiben beginnen, sondern auch künftigen Lebensplänen und Visionen Kraft verliehen werden kann.

Ein solch wohltuendes Wort auf einem Stein ist mir letztes Jahr auf dem Friedhof in Kriens ganz unerwartet begegnet. «Vergebung» stand darauf. Ich hielt inne und liess dieses Wort bei mir ankommen. Dann betrat ich den Gottesdienstraum, wo bald die Abschiedsfeier für Barbaras Cousin Bruno begann.

Noch immer in Gedanken bei dem Vergebungs-Stein erreichten mich – im Vergleich zur üblichen Fassung leicht veränderte – Worte aus der Liturgie: «Ich bin bedürftig, dass du eingehst unter mein Dach, sprich nur ein Wort und meine Seele wird gesund.» Barbaras Cousin war Familientherapeut.

Bruno war ein sehr liebevoller Mensch, er hat bestimmt vielen Menschen durch seine Worte zum Gesunden verholfen. Die geteilten Geschichten zu Brunos Wirken gaben während der Trauerfeier davon Zeugnis.

Ich schweifte in meinen Gedanken ab zu einer Geschichte aus dem Sufismus. Sie erzählt von einem Sufi, der ein krankes Kind heilte. Nur wenige Worte sprach er und sagte an die Eltern gewandt, es werde gesund werden. Doch ein Zweifler warf ein: «Unmöglich, dass jemand durch ein paar Worte geheilt werden kann!» Der sonst sehr sanfte Sufi entgegnete: «Du verstehst nichts davon. Du bist ein Narr!» Der Mann wurde wütend. Der Sufi fuhr fort: «Wenn ein Wort die Kraft hat, dich wütend zu machen, warum sollte dann ein Wort nicht auch die Kraft haben zu heilen?»[30]

Mein gedanklicher Ausflug liess mich den Gottesdienst verlassen mit einer geschenkten Einsicht: Manchmal braucht es wirklich nur ein Wort, damit unsere Seelen gesunden dürfen. «Ich vergebe dir» ist zweifellos ein solches Wort. Ebenso die Bitte «Vergib mir». Nicht nur unsere Seelen werden gesunden, sondern auch unsere Beziehungen.

Gesunden dürfen

Wenn Herzen
sich öffnen

bewegt wird
was erstarrt

erweicht
was verhärtet

federleicht
was tonnenschwer

keine Utopie

selbst Steine sprechen
Worte
die heilen

Antoinette Brem

Statt eines Schlusswortes

Segen der sieben Richtungen

Möge der Segen des Südens mit Dir gehen.
Lebensfreude und Dasein mit allen Sinnen,
Spielerische Leichtigkeit und achtsames Dasein im Jetzt.

Möge der Segen des Westens mit Dir gehen.
Mut, Dich dem Dunkel anzuvertrauen
im Loslassen neu zu werden und zu Deinem wahren
Sein zu finden.

Möge der Segen des Nordens mit Dir gehen.
Die innere Stärke, zu tun, was getan werden muss,
und die Weisheit und Klarheit für die nächsten Schritte.

Möge der Segen des Ostens mit Dir gehen.
Die Verwurzelung in der Quelle allen Lebens
und das tiefe Vertrauen, dass das Wesentliche immer
schon da ist,
im Jetzt und in den Geschenken des Universums.

Möge der Segen der Erde mit Dir gehen.
Die Gewissheit, getragen und genährt zu werden,
und einen guten Stand in allen Lebenslagen.

Möge der Segen des Himmels mit Dir gehen.
Innere Freiheit, die aus der Weite über Dir wächst,
und eine Ahnung der grossen Zusammenhänge.

Möge der Segen der innersten Mitte mit Dir gehen.
Heimat und Heilung aus deiner Herzensmitte
und die Kraft, das Dir Eigene zu wagen:
Weg, Wahrheit und Leben.

Barbara Lehner & Antoinette Brem

Anmerkungen

1   David Steindl-Rast, Die Achtsamkeit des Herzens. Ein Leben in Kontemplation, München 1988, 28.

2   Kurt Marti, Glückwünsche, in: Lachen – Weinen – Lieben. Ermutigungen zum Leben, Stuttgart 1985, 94.

3   Joachim-Ernst Berendt, Kraft aus der Stille. Vom Wachsen des Bewusstseins, München 2000.

4   Zu finden in: Jack Canfield/Mark Victor Hansen, Hühnersüppchen für die Seele, München 2002.

5   Übersetzt von Antoinette Brem, aus dem Gedicht "What to remember when waking" von David Whyte, aus: David Whyte, The House of Belonging. Poems, Many Rivers Press 1997.

6   John O'Donohue, Echo der Seele. Von der Suche nach Geborgenheit, München 32001, 137.

7   Jacqueline Keune, Von Bedenken und Zusagen. Liturgische Texte, Horw/Luzern 2004, 18.

8   Liedtext von Barbara Fatima Küng, Tänze des Universellen Friedens.

9   Aus: Khalil Gibran, Es sprach der Prophet. Von der Freiheit der Seele, Freiburg i. Br. 2004, 41.

10 1. und 2. Strophe: Hans Zulliger, 3. Strophe: Corinne und Tobias Denzler; Übersetzung: Du fragst mich, wer ich bin, du fragst mich, was ich kann. Möchtest wissen, nicht wahr, warum ich dich nicht aus den Augen lass'. Ich weiss nicht, wer ich bin, ich weiss nicht, was ich kann. Ich weiss nur, es zieht mich zu dir hin, ich kann nicht von dir lassen. Und was ich in dir seh', das finde ich auch in mir. Drum lieb' ich dich, drum lieb' ich mich, damit ich ganz sein kann.

11 Thich Nhat Hanh, Tief aus dem Herzen. Die Energie des Betens, München 2010, 33f.

12 Rupert Sheldrake/Matthew Fox, Die Seele ist ein Feld. Der Dialog zwischen Wissenschaft und Spiritualität, Bern u.a. 1998, 20.

13 Lorenz Marti, Eine Hand voll Sternenstaub. Was das Universum über das Glück des Daseins erzählt, Freiburg 2012, 9f.

14 Nacherzählung einer Geschichte von Manuela Ridder-Hillenbrand, siehe https://www.shg-lebensfreunde.de/philosophie/das-perfekte-herz/ [7.7.2024]

15 John O'Donohue, Echo der Seele. Von der Sehnsucht nach Geborgenheit, München ³2001, 129.

16 Dorothee Sölle, Meditationen zu den Zehn Geboten, in: Dorothee Sölle/Luise Schottroff, Den Himmel erden. Eine ökofeministische Annäherung an die Bibel, München 1996, 117.

17 Aus: Rose Ausländer, Mutterland/Einverständnis. Gedichte, Frankfurt a.M. 1982, 38.

18 Erstveröffentlichung in: Benedikta Hintersberger u.a. (Hg.), Du bist der Atem meines Lebens. Das Frauengebetbuch, Ostfildern 2010, 179.

19 Antje Sabine Naegeli, Vergiss nicht, es gibt ja das Licht, Eschbach 2010.

20 Vgl. Madeleine Delbrêl, Ball des Gehorsams, in: dies., Deine Augen in unseren Augen – Die Mystik der Leute von der Straße, herausgegeben von Annette Schleinzer, München/Zürich/Wien 2015.

21 Hilde Domin, Gesammelte Gedichte, Frankfurt 2003, 117.

22 Rose Ausländer, Aschensommer. Gedichte, München 1978.

23 Rose Ausländer, Wieder ein Tag aus Glut und Wind. Gedichte 1980 – 1982, Bd. 6, Gesamtausgabe, Frankfurt a.M. 1986, 69.

24 Der Grundgedanke der vier Pfade stammt von Matthew Fox, der seinerseits die mittelalterliche Mystik befragte, um dieses Konzept einer heilsamen und befreienden Schöpfungsspiritualität zu entwickeln. Vgl. Matthew Fox, Der große Segen: Umarmt von der Schöpfung. Eine spirituelle Reise auf vier Pfaden durch sechsundzwanzig Themen mit zwei Fragen, München 1991.

25 Dorothee Sölle im Gedicht «du hast mich geträumt, gott», aus: Dorothee Sölle, Loben ohne Lügen, Berlin 2000, 12.

26 Wir danken der Autorin für die Erlaubnis, ihr Gedicht abzudrucken (www.marysebode.ch).

27 Zitiert nach einer Radiosendung am 28.12.2003 von SRF Kultur: Perspektiven-Sendung „Glück ist mein Grundgefühl" von Lorenz Marti zu Dorothee Sölles letztem Vortrag im Frühjahr 2003.

28 Christiane Singer, Alles ist Leben. Letzte Fragmente einer langen Reise, München 2011, 16.

29 Vera de Chalambert, Kali regiert Amerika, in: Magazin Spuren 123, 53.

30 Aus: Hazrat Inayat Khan, Wanderer auf dem inneren Pfad, hg. von Gertrude und Thomas Sartory, Freiburg i.Br. 1986, 72.

Autorinnenschaft und Entstehungszeit der Texte

Hilft dir das selbst, was du anderen vermittelst?
Barbara Lehner, Januar 2008

Was willst du uns sagen, du Schöne?
Antoinette Brem, April 2008

Nichts ist selbstverständlich
Barbara Lehner, Oktober 2008

Vom Risiko zu blühen und dem Verlangen zu reifen
Antoinette Brem, Oktober 2009

Sich glücken ... auch im Unglück?
Barbara Lehner, Januar 2010

Aus dem Herzen leben
Antoinette Brem, April 2010

Stille Gegenwart
Barbara Lehner, September 2010

Was hast du in diesem Jahr Neues gelernt?
Antoinette Brem, Dezember 2010

Danke für die Störung
Barbara Lehner, April 2011

Königliche Würde
Antoinette Brem, Januar 2012

Was lässt mich glücklich sein?
Barbara Lehner, Juli 2012

Was wirklich zählt
Antoinette Brem, September 2012

«Übt weiter bis zum Ende»
Antoinette Brem, April 2013

Zeit verlöffeln
Barbara Lehner, August 2013

Verbunden mit dem, was unzerstörbar ist
Antoinette Brem, September 2013

Vom Wert unverplanter Zeit
Antoinette Brem, Januar 2014

Die Autorinnen

Seit 2004 sind Antoinette Brem und Barbara Lehner gemeinsam unter dem Label Lebensgrund GmbH tätig als Ausbildnerinnen in Trauerbegleitung und Shibashi Qi Gong sowie in der Begleitung von Menschen in Lebensübergängen. Gemeinsam mit vier anderen Frauen gründeten sie 2016 den Verein familientrauerbegleitung.ch.

Beide haben Grundausbildungen in Seelsorge (Clinical Pastoral Training) sowie Lebens- und Trauerbegleitung bei Dr. Jorgos Canacakis absolviert. Sie sind Shibashi Qi Gong Trainerinnen nach dem Chi Chinese Healing College in Sydney/Australien.

Antoinette Brem und Barbara Lehner leben und arbeiten in Luzern.

Antoinette Brem (geb. 1962) arbeitete nach dem Theologiestudium für Projekte auf den Philippinen beim Hilfswerk Fastenaktion (früher Fastenopfer). Danach liess sie sich ausbilden in initiatorischer Naturarbeit in der Tradition der School of Lost Borders, Kalifornien USA. Sie begleitet mit Leidenschaft Menschen in ihrer Sinnsuche im Spiegel der Natur.

Barbara Lehner (geb. 1967) arbeitete nach dem Theologiestudium in der Erwachsenenbildung und in der Altersseelsorge. 2000 machte sie sich selbstständig, später folgte die Ausbildung in Systemischer Selbst-Integration nach Dr. Ero Langlotz mit eigener therapeutischer Aufstellungsarbeit. Ihre Leidenschaft gilt dem Gestalten von Abschiedsritualen und Trauerfeiern und dem Vermitteln von Fachwissen im Rahmen des Lehrgangs Trauerfeiern.

2010 erschien im Grünewald Verlag ihr erstes gemeinsames Buch «Shibashi – Ruhe und Achtsamkeit erfahren. Lebensimpulse aus dem Qi Gong», das inzwischen im Eigenverlag neu aufgelegt wurde.

2021 erschien im Patmos Verlag Barbara Lehners Buch «Praxisbuch Trauerfeiern und Bestattungen. Trauernde verstehen – Abschiedsrituale gestalten».

Shibashi

Ruhe und Achtsamkeit erfahren. Lebensimpulse aus dem Qi Gong

Shibashi, auch bekannt als die 18 Gesundheitsübungen des Qi Gong, ist Meditation in Bewegung. Es verbindet östliche und westliche Spiritualität, Körper und Seele, Himmel und Erde. Verspannte Muskeln werden locker, der Energiefluss im Körper harmonisiert sich, der Geist wird ruhiger und wacher.

Die Shibashi-Lehrerinnen Antoinette Brem und Barbara Lehner stellen eine Kurzform des Shibashi ausführlich vor, leiten in Text und Bild zum Üben an und zeigen, wie es heilsam in den Alltag integriert werden kann.

Ein Buch für Shibashi-Übende und Menschen, die auf der Suche sind nach einer Spiritualität, die Körper und Seele verbindet.

Weitere Informationen unter: www.shibashi.ch

Bei den Autorinnen erhältlich

Praxisbuch Trauerfeiern und Bestattungen

Trauernde verstehen – Abschiedsrituale gestalten

Immer mehr Angehörige wünschen sich eine individuelle und bewusst gestaltete Trauerfeier und Bestattung für ihre Verstorbenen. Wie Leiterinnen und Leiter von Abschiedsritualen diesem Bedürfnis angemessen gerecht werden können, zeigt Barbara Lehner in ihrem umfassenden Praxisbuch.

Mit theoretischen Überlegungen, Erfahrungen aus ihrer eigenen Praxis, Reflexionen und konkreten Anregungen vermittelt sie wichtige Grundlagen, um Trauernde in der Zeit zwischen Tod und Bestattung gut zu begleiten und mit ihnen gemeinsam eine stimmige Abschiedsfeier entwerfen zu können.

Ein Grundlagenwerk für alle, die kirchliche oder freie Trauerfeiern und Bestattungen leiten.

Weitere Informationen unter: www.lebensgrund.ch

Im Buchhandel erhältlich

© 2024 Lebensgrund GmbH

Obergrundstrasse 65, CH-6003 Luzern

www.lebensgrund.ch

www.shibashi.ch

Lektorat und Projektbegleitung:

Andrea Langenbacher, www.andrealangenbacher.de

Umschlag- und Innengestaltung:

wunderlichundweigand

Herstellung und Verlag: BoD – Books on Demand, Norderstedt

ISBN 9783759759610 (Paperback)